Tanja Braune

Ruck-zuck Gemüseküche

120 saisonale Gemüserezepte: marktfrisch & klimafreundlich

Impressum:

Autorin: Tanja Braune
Lektorat: Elfi Jirsa
Korrektorat: Franz Ebner
Coverfoto: Laurence Mouton/ZenShui/Corbis
Alle restlichen Bilder: www.iStockphoto.com
Cover und Layout: Oskar Kubinecz
Druck: General Druckerei GmbH, Ungarn

ISBN: 978-3-7088-0504-7

1. Auflage, September 2010

Tanja Braune

Ruck-zuck Gemüseküche

120 saisonale Gemüserezepte: marktfrisch & klimafreundlich

Wir leben im Paradies – gemüsetechnisch auf jeden Fall.

Zu jeder Jahreszeit verführt Gemüse mit seinen herrlichen Farben, Formen und Aromen – und den genau richtigen Inhaltsstoffen. Denn Wintergemüse, wie z. B. Kohl, liefert den perfekten, die Abwehr unterstützenden Vitalstoff-Cocktail für die kalte Jahreszeit. Auch die im Sommer gereiften Gemüsearten sind voll gesunder Inhaltsstoffe, haben meist einen hohen Wassergehalt und bringen den Stoffwechsel auf Trab. Ein perfekt auf den Menschen abgestimmter, harmonischer Kreislauf.

So gesund Gemüseküche aber auch ist, hat sie nach wie vor vielerorts den Beigeschmack von langwierigem Kochaufwand und eintöniger Omama-Kost. Das ist aber ganz und gar nicht so – und genau deshalb ist dieses Büchlein entstanden. Denn von Paradeiser bis Pastinaken, von Kohl bis Kraut: Aus Gemüse lassen sich köstliche Gerichte zaubern. Die jeweils zehn Rezepte für jeden Monat sind allesamt schnell und einfach zuzubereiten und sollen zeigen, dass ein hektischer Alltag einer guten Gemüseküche nicht im Weg steht.

Regionales Gemüse kann aber noch mehr: Es schont das Klima auch durch kurze Transportwege und ist daher ein wichtiger Beitrag zum verantwortungsvollen Umgang mit der Natur. Der kritische Einkauf und das energiebewusste Kochen schonen die Umwelt und helfen sogar Geld sparen. Lesen Sie dazu die 20 Tipps von Greenpeace zum klimafreundlichen Kochen ab Seite 118.

Und damit Rezepte & Co auch im perfekten Rahmen kredenzt werden, hat der renommierte Kreativ-Direktor, Maler und begnadete Hobby-Koch Oskar Kubinecz seinen Mausarm fliegen lassen – es ist sehr schön geworden, danke Ossi! Tausend Dank auch an meine Freundin Lydia Gribowitsch, die nicht nur das wunderbare Coverbild gefunden hat, sondern mich die letzten Jahre mit Rat, Tat und viel Begeisterung zur gesunden Ernährung verführt hat.

In diesem Sinne haben wir ein kleines, praktisches Kochbuch gemacht, das zum gesunden Gemüsegenuss ohne großen Zeitaufwand verführt und auch „Nicht-so-gern-Köchen" zeigt, wie einfach alles sein kann – denn das Leben ist viel zu schön um unnötig lange in der Küche zu stehen.

Viel Spaß wünscht

Tanja Braune

So schmeckt es Ihnen und dem Klima.

Derzeit werden weltweit zirka 20 Prozent der Treibhausgasemissionen direkt oder indirekt von der menschlichen Ernährung verursacht. Die Landwirtschaft gehört also zu den großen Verursachern des Klimawandels. Mit dem, was Sie essen und wie Sie kochen können Sie einen wichtigen Beitrag zum Klimaschutz leisten – und das ist gar nicht so schwer:

Bio ist besser. Im biologischen Landbau wird auf nicht-nachhaltig produziertes Kraftfutter und auf Kunstdünger verzichtet, daher sind die Treibhausgasemissionen deutlich niedriger als im konventionellen Bereich.

Genuss aus Österreich. Aufgrund der günstigen Lage gibt es in Österreich ein breites Spektrum köstlicher Obst- und Gemüsesorten. Zu Unrecht sind viele alte Sorten im Laufe der Zeit in Vergessenheit geraten, die Abwechslung auf den Tisch bringen.

Alles zur richtigen Zeit. Unter dem Motto „Immer alles" bieten die meisten Supermärkte das ganze Jahr über die gleichen Obst- und Gemüsesorten. Sie schmecken oft fad und haben aufgrund weiten Transportes einen riesigen Rucksack an Treibhausgasemissionen auf dem Buckel. Nicht nur Umweltschützer, sondern auch Feinschmecker bevorzugen daher saisonales Obst und Gemüse, das in ihrer Region frisch, reif und knackig geerntet wurde.

Bevorzugt pflanzlich. Wir Österreicher lieben unser Schnitzel. Doch täglich drei Mahlzeiten mit Fleisch sind auf Dauer langweilig, fördern weder Gesundheit, noch Figur – und sind problematisch fürs Klima. Denn: Haben Sie gewusst, dass durch einen Kilo Rindfleisch zwölf Kilo Treibhausgasemissionen entstehen? Ein Kilogramm Erdäpfel verursacht hingegen nur 0,21 kg Treibhausgasemissionen. Also, „nur" zwei bis drei Portionen Fleisch pro Woche sind nicht nur für die Gesundheit viel besser, sondern schonen auch die Umwelt.

Vielfalt, die Spaß macht. In diesem Buch finden Sie schnelle, preiswerte und einfache Rezepte, die Ihren Speisezettel bereichern werden. Entdecken Sie die saisonale österreichische Gemüsevielfalt und lassen Sie sich von Gaumenfreuden überraschen, die zusätzlich auch die Umwelt schonen.

Viel Spaß und gutes Gelingen wünscht
Claudia Sprinz
Greenpeace Konsumentensprecherin & begeisterte Hobbyköchin

GREENPEACE

Jänner

4 Portionen, Zubereitung ca. 40 Minuten

Krensuppe

120 g Zwiebeln, klein gehackt
1 Knoblauchzehe, klein gehackt
220 g Kartoffeln, geschält, gewürfelt
30 g Butter
150 ml Weißwein
750 ml Gemüsesuppe
200 ml Obers (Sahne)
Kren (Meerrettich) nach Geschmack
Salz, Pfeffer, Zucker, Zitronensaft

Zwiebeln, Knoblauch und Kartoffelwürfel in Butter glasig anschwitzen, mit Salz, Pfeffer und Zucker (vorsichtig!) würzen, mit Wein ablöschen und gut einkochen lassen. Mit Suppe und Obers aufgießen und bei geringer Hitze 30 Minuten köcheln lassen. Mit einem Stabmixer kurz pürieren, mit einem Spritzer Zitronensaft abschmecken. Kren kurz vor dem Servieren reiben und in die Suppe geben. Als Einlage passt hervorragend geröstetes Brot – Brotscheiben eventuell mit Käse überbacken.

Gerade und nicht zu große Krenwurzeln ohne Seitentriebe mit unbeschädigter Schale und ohne Risse und Druckstellen schmecken am besten.

4 Portionen, Zubereitung ca. 60 Minuten

Rübengratin

500 g Kohlrüben (oder Steckrüben) geschält, in Scheiben
500 g Kartoffeln, geschält, in Scheiben
2 kleine Äpfel, entkernt, in Scheiben
200 ml Obers (Sahne)
100 ml Apfelsaft
2 Knoblauchzehen
75 g Blauschimmelkäse (z. B. Gorgonzola)
Salz, Pfeffer, Butter

Eine Auflaufform mit Butter ausstreichen, Ofen auf 200 °C (Umluft 180 °C) vorheizen. Obers, Apfelsaft, einen halben TL Salz und wenig Pfeffer verquirlen, Knoblauch dazupressen. Rüben-, Kartoffel- und Apfelscheiben in die Form schichten, jede Lage leicht salzen und pfeffern. Obersmix darübergießen. Form auf der mittleren Schiene einschieben, Gratin ca. 40 Minuten backen, eventuell abdecken, wenn es zu braun wird. Käse darüberkrümeln und weitere 5–10 Minuten backen, bis der Käse geschmolzen ist.

Kohlrübe oder Steckrübe ist eine Kohlsorte mit erdigem Geschmack, die man aber durch etwas Essig oder Zitronensaft ins Kochwasser abmildern kann. Wer Rüben gar nicht mag, kann das Gratin auch mit Knollensellerie zubereiten – auch das schmeckt sehr gut.

4 Portionen, Zubereitung ca. 20 Minuten

Warmer Lauchsalat

4 große Stangen Lauch,
heller Teil, fingerbreite Ringe
3–4 EL Rapsöl oder Butter
100 ml Apfelsaft
5 EL Mandeln, gehackt
2 EL Petersilie, fein gehackt
2 EL weißer Balsamico
80 g Gruyère-Käse, gerieben
Salz, Pfeffer

Lauch in Öl oder Butter anschwitzen, mit Apfelsaft ablöschen und so lange offen köcheln lassen, bis der Saft verkocht ist. Mandeln, Petersilie und Balsamico untermengen und weitere 3 Minuten köcheln lassen, mit Salz und Pfeffer abschmecken.
Lauch in eine Schüssel geben, Käse untermengen, Salat warm servieren.

Je nach Erntezeit unterscheidet man zwischen Frühlings-, Sommer-, Herbst- und Winterlauch. Im Frühjahr und Sommer bekommt der Lauch einen längeren Schaft und hellgrünes Laub. Die Wintersorten dagegen haben einen kurzen dicken Schaft mit dunkelgrünen Blättern.

4 Portionen, Zubereitung ca. 50 Minuten

Chili-Kartoffel-Kuchen

200 g Hamburger-Speck,
klein gewürfelt
1–2 EL Öl
1 kg festkochende Kartoffeln,
gekocht, geschält,
in Scheiben geschnitten
6–9 rote Chilischoten
evtl. entkernt, grob gehackt
2 EL Petersilie, gehackt
120 g Emmentaler, geraspelt
125 ml Obers (Sahne)
Salz, Butter für die Form

Eine Auflaufform mit Butter ausstreichen, Ofen auf 200 °C (Umluft 180 °C) vorheizen.
Speck in Öl anrösten, Kartoffeln, Chili, Petersilie, Emmentaler und Obers vorsichtig untermengen.
Mix salzen, in die Form füllen und im Rohr ca. 30 Minuten backen.
Als Hauptspeise mit grünem Salat servieren.

Das Capsaicin im Chili fördert Durchblutung und Stoffwechsel, wärmt und ist bei niedrigem Blutdruck sehr hilfreich.

4 Portionen, Zubereitung ca. 20 Minuten

Schwarzwurzelgemüse

750 g Schwarzwurzeln, mundgerechte Stücke
Zitronensaft
2 EL Mehl
Etwas gehackte Petersilie
50 g Butter
250 ml Gemüsesuppe
125 ml Obers (Sahne)
Salz, Muskat

1 EL Mehl in kaltes Wasser einrühren, etwas Zitronensaft dazugeben. Schwarzwurzeln darin weich kochen (ca. 8 Minuten).
Petersilie in Butter anlaufen lassen, mit 1 EL Mehl stauben und mit Suppe aufgießen. Suppe erhitzen, bis sie leicht köchelt, Obers unterrühren und nochmal aufkochen. Schwarzwurzeln hineingeben – mit Salz, Muskat und Zitronensaft würzen. Passt hervorragend zu Tafelspitz und Kartoffelschmarren.

Ideal nach den Feiertagen: Schwarzwurzeln fördern die Entgiftung der Leber und aktivieren die Bildung von roten Blutkörperchen.

4 Portionen, Zubereitung ca. 50 Minuten

Kohlsprossen-Palatschinken

150 g Kohlsprossen (Rosenkohl)
5 EL Olivenöl
1 Zwiebel, gehackt
2 Knoblauchzehen, gehackt
1 Karotte, grob geraspelt
200 g Faschiertes (Hackfleisch)
6 EL trockener Weißwein
2 EL Tomatenmark
1 Handvoll Petersilie, gehackt
Salz, Pfeffer, Oregano

Kohlsprossen in wenig Wasser bissfest garen, abschrecken, dann vierteln.
Zwiebel, Knoblauch und Karotte in 2 EL Öl anschwitzen – aus der Pfanne nehmen.
Im verbliebenen Öl das Faschierte scharf anrösten. Mit Wein ablöschen, Tomatenmark einrühren, Fleisch gut durchbraten.
Gemüse, Fleisch und Petersilie mischen und nach Geschmack würzen. Palatschinken damit füllen.

Kohlsprossen gehören im Winter zu den Top-Vitalstoffspendern: 100 g liefern rund 100 mg Vitamin C, 400 mg Kalium und außerdem reichlich Magnesium, Kalzium, B-Vitamine, Eisen und Phosphor.

4 Portionen, Zubereitung ca. 25 Minuten

Petersilienwurzel-Gemüse

800 g Petersilienwurzeln (Wurzelpetersilie), geschält
Saft von 2 Zitronen
40 g Butter
200 ml Obers (Sahne)
1 Zweig Thymian
1 Bund Kerbel, gehackt
Salz, Pfeffer, Muskat, Zucker

Salzwasser mit Zitronensaft mischen und die Wurzeln 10 Minuten darin kochen – in Eiswasser abschrecken und in ca. 2 cm lange Stücke schneiden.
In einer beschichteten Pfanne Butter erhitzen und die Wurzeln darin anschwenken, Obers und Thymian zugeben und auf die Hälfte einkochen lassen. Kerbel unterheben, Gemüse mit Zucker (vorsichtig!), Muskat, Salz und Pfeffer abschmecken.
Wunderbare Beilage zu Lachs oder Lachsforelle.

Frische-Check: Das Blattgrün der Petersilienwurzel sollte frisch und kräftig sein, die Wurzel selbst fest, knackig und ohne Risse – weiche, schrumpelige Wurzeln sind alt und holzig, sie haben kaum Geschmack.

4 Portionen, Zubereitung ca. 50 Minuten

Überbackener Topinambur

1 kg Topinambur, geschält, in Scheiben geschnitten
2 Eier
400 ml Milch
200 ml Obers (Sahne)
4 Tomaten, in Scheiben geschnitten
100 g Emmentaler, gerieben
Salz, Pfeffer, Butter

Eine Auflaufform mit Butter ausstreichen, Ofen auf 180 °C vorheizen.
Eier, Milch und Obers mit einer Gabel verquirlen.
Topinambur in die Form schichten. Kräftig mit Salz und Pfeffer würzen und mit dem Eiermix übergießen.
Tomatenscheiben darauf verteilen, den geriebenen Käse darüberstreuen. Gemüse ca. 40 Minuten im Rohr überbacken.

Die ursprünglich aus Süd- und Nordamerika stammende Pflanze wird bis zu 3 Meter hoch, hat herzförmige Blätter und sieht unserer Sonnenblume sehr ähnlich. An den Wurzeln bilden sich, ähnlich wie bei der Kartoffel, die Topinamburknollen.

4 Portionen, Zubereitung ca. 30 Minuten

Zwiebel-Lauch-Suppe

250 g Zwiebeln, dünne Scheiben
3 EL Öl
125 ml Weißwein
400 ml Gemüsesuppe
2 Knoblauchzehen
100 g Lauch, heller Teil, dünne Ringe
1 EL Thymian, gehackt
1 Semmel oder Toastbrot vom Vortag
100 g Käse, gerieben
Salz, Pfeffer

Zwiebeln in Öl hellbraun rösten, Wein und Suppe zugießen, aufkochen, mit Salz, Pfeffer und zerdrücktem Knoblauch würzen. Ca. 20 Minuten köcheln lassen, gegen Ende der Garzeit Lauch und Thymian unterrühren.
Für die Garnitur Rohr auf Grillstellung vorheizen. Semmeln in Scheiben schneiden, mit Käse bestreuen, überbacken und mit der Suppe servieren.

Die schwefelhaltigen Stoffe des Lauchs sind verdauungsfördernd und wirken regenerierend, verjüngend, aufbauend und innerlich desinfizierend. Leider ist der Lauch heute sehr oft stark überdüngt, dann bläht er sehr – bitte Ausschau halten nach biologischem Anbau.

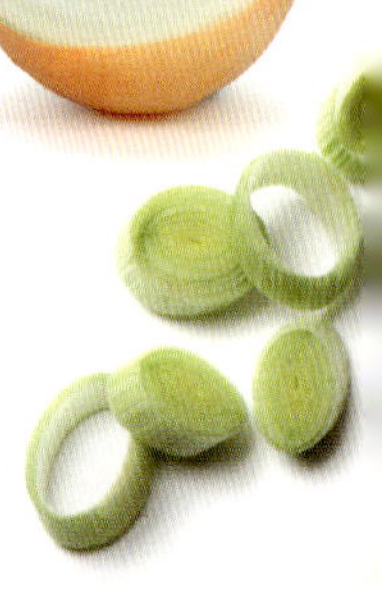

4 Portionen, Zubereitung ca. 10 Minuten

Gebratener Kohl

1 großer Kohlkopf (Wirsing), mittelfeine Streifen
1 Knoblauchzehe, grob gehackt
1 Chilischote, evtl. entkernt, feine Streifen
75 ml Worcestersoße
Salz, Pfeffer, Zucker, Olivenöl

Knoblauch und Chili in etwas Olivenöl erhitzen, Kohlstreifen zugeben und braten, bis sie Farbe annehmen. Mit Worcestersoße würzen, mit Salz, Pfeffer und Zucker abschmecken – das Gemüse bissfest braten.
Passt zu gebratenem Fleisch mit Ofenkartoffeln. Statt der Worcestersoße kann man auch Sojasoße verwenden, das gibt einen feinen Asia-Touch.

Frische-Check: Der Kohl darf keine Frostschäden haben und muss beim Schütteln „rascheln". Die Kohlblätter müssen knackig sein, beim Knicken brechen und der Strunk muss eine saftige Schnittstelle haben.
Im Gemüsefach hält Kohl max. 14 Tage, blanchiert kann man ihn für sechs bis zwölf Monate einfrieren.

Ruck-zuck Gemüseküche

Februar

4 Portionen, Zubereitung ca. 20 Minuten

Sellerie-Apfel-Püree

500 g Äpfel, geschält, entkernt, kleine Stücke
400 g Knollensellerie, geschält, kleine Stücke
60 g Butter
20 ml Weißwein
Salz, Pfeffer,
kleine Apfelstücke zum Garnieren

Sellerie- und Apfelstücke in etwa 40 g von der Butter anschwitzen, mit Wein und 40 ml Wasser ablöschen und zugedeckt weich dünsten.
Mix fein pürieren, restliche Butter untermischen, nach Geschmack würzen und mit Apfelstücken bestreut servieren.
Eine gute Beilage zu Huhn.

Schmeckt auch mit Portwein fein: Sellerie anschwitzen, mit 3 EL Portwein und 500 ml Gemüsesuppe aufgießen und weichkochen – wenn die Flüssigkeit fast verdampft ist, 70 ml Obers unterrühren. Gemüse pürieren.

4 Portionen, Zubereitung ca. 20 Minuten

Kohl auf römische Art

1 kleiner Kohlkopf (Wirsing), in feinen Streifen
500 ml Gemüsesuppe
100 g Speck, gewürfelt
2 EL Butter
100 g Parmesan, gerieben
1 TL Zimt

Kohl in der Suppe aufkochen und ca. 15 Minuten bei schwacher Hitze köcheln lassen. Kohl abgießen, Suppe dabei auffangen. Kohl auspressen (oder ca. 10 Minuten in einem Sieb abtropfen lassen). Speck in Butter ausbraten, Kohl zugeben und langsam bissfest braten (eventuell portionsweise). Kohl mit Parmesan und Zimt bestreut servieren. Schmeckt für uns ungewöhnlich, die Römer lieben es aber!

Kohl ist das perfekte Wintergemüse: Er enthält nicht nur viel Betakarotin, B-Vitamin und Calcium, sondern auch sehr viel Vitamin C für die Immunkraft. Ernährungsexperten empfehlen daher, Kohl regelmässig in den Speiseplan einzubauen.

4 Portionen, Zubereitung ca. 20 Minuten

Wärmende Pastinakensuppe

600 g Pastinaken, geschält, kleine Stücke
2 Zwiebeln, gehackt
2 Knoblauchzehen, gehackt
125 ml trockener Weißwein
770 ml Gemüsesuppe
250 ml Obers (Sahne)
Salz, Pfeffer, Muskat, Rapsöl

Zwiebeln und Knoblauch in etwas Öl andünsten, Pastinaken kurz mitdünsten. Mit Wein ablöschen, einkochen lassen und mit Suppe aufgießen. Gemüse etwas salzen und weich kochen. Obers zugeben, Suppe kurz aufkochen und mit dem Stabmixer pürieren. Mit Salz, Pfeffer und Muskat nach Geschmack würzen.

Frische Pastinaken sind fest und glatt und haben keine Druckstellen oder Flecken. Suchen Sie beim Einkauf kleinere Exemplare aus – sie schmecken zarter.

4 Portionen, Zubereitung ca. 15 Minuten

Mediterrane Stampfkartoffeln

1 kg festkochende Kartoffeln, geschält, in Stücken
50 g Pinienkerne
4 Schalotten, fein gewürfelt
2 Knoblauchzehen, gehackt
1 Bund Basilikum, gehackt
100 g getrocknete, in Öl eingelegte Tomaten, gehackt
Salz, Pfeffer, Olivenöl, etwas Zitronensaft

Kartoffeln in Salzwasser weich kochen. Pinienkerne ohne Fett anrösten und auf einen Teller leeren. In der gleichen Pfanne Schalotten und Knoblauch in Öl glasig dünsten. Kartoffeln grob stampfen und Öl untermischen, bis die gewünschte Konsistenz erreicht ist. Schalotten, Knoblauch, Basilikum, Tomaten und Kerne unterheben, mit Salz, Pfeffer und Zitronensaft abschmecken. Schmeckt hervorragend zu gebratenem Huhn oder Lammkotelett.

Kartoffeln werden je nach Erntezeit und Lagerfähigkeit in sehr frühe, frühe, mittelfrühe und späte Sorten unterteilt. Weltweit gibt es – man sollte es nicht glauben – über 3000 verschiedene Sorten.

4 Portionen, Zubereitung ca. 30 Minuten

Gebratener Kürbis mit Cranberrys

120 g getrocknete Cranberrys
250 ml Orangensaft
2 Äpfel, am besten Boskop, entkernt, gewürfelt
4 Thymianzweige
2 Zwiebeln, gewürfelt
4 TL Öl
1 kg Kürbisfruchtfleisch, mundgerechte Stücke
100 ml Rindsuppe
Salz, Pfeffer, frisch geriebener Ingwer

Cranberrys in 200 ml vom Orangensaft bei geringer Hitze ca. 10 Minuten köcheln. Äpfel und Thymian untermischen.
Zwiebeln in 2 TL vom Öl anbraten, Beerenmix zugeben und ca. 4 Minuten köcheln. Mit Salz, Pfeffer und Ingwer nach Geschmack würzen und abkühlen lassen.
Kürbis im restlichen Öl anbraten, mit Suppe und restlichem Orangensaft ablöschen. Kürbis ca. 10 Minuten dünsten, bis er bissfest ist. Kürbis abschmecken und gemeinsam mit der Cranberry-Soße servieren.

Die Cranberrys enthalten Flavonoide, die Arteriosklerose entgegenwirken und den Cholesterinspiegel positiv beeinflussen.

4 Portionen, Zubereitung ca. 15 Minuten

Kartoffeln mit Schafkäse

1 kg fest kochende Kartoffeln, in der Schale gekocht
400 g Schafkäse, grob geraspelt
2 Bund Petersilie, gehackt
2 Bund Schnittlauch, geschnitten
Salz

Kartoffeln schälen und in mittelgroße Würfel schneiden. Schafkäse und Kräuter darüberstreuen, nach Geschmack salzen.
Salat dazu, fertig ist ein schnelles, gesundes Abendessen.

Dank seines enormen Gehalts an Vitamin C (100 g Schnittlauch liefert etwa so viel wie ein Kilo Äpfel) und Eisen sorgt Schnittlauch für mehr Vitalität und hilft gegen Frühjahrsmüdigkeit.

4 Portionen, Zubereitung ca. 50 Minuten

Curry-Kohlsprossen-Quiche

500 g Kohlsprossen (Rosenkohl)
250 ml Obers (Sahne)
2 Eier
2 TL Currypulver
50 g Parmesan, frisch gerieben
50 g Bergkäse, gerieben
1 Bund Schnittlauch, geschnitten
1 Pkg. Blätterteig, backfertig
Salz, Pfeffer, Muskat

Kohlsprossen in Salzwasser weich kochen (ca. 20 Minuten) – kalt abschrecken.
Obers mit Eiern, Salz, Pfeffer, Muskat und Curry verquirlen, Käse und Schnittlauch unterrühren.
Ofen auf 180 °C vorheizen. Quiche-Form mit Teig auslegen. Teigboden mit einer Gabel mehrmals einstechen. Füllung darauf verteilen, Eiermix darübergießen. Im Ofen 30–35 Minuten goldbraun backen.

Kohlsprossen sind ein typisches Herbst- und Wintergemüse, das schon etwas Kälte gespürt haben sollte, denn der leichte Frost macht das Aroma noch nussiger. Und sie sind reich an Vitaminen der B-Gruppe, Mineralstoffen, vor allem Phosphor, Kalium, Kalzium und Eisen. Und schlank machen sie auch: 100 g enthalten nur 38 Kilokalorien.

4 Portionen, Zubereitung ca. 20 Minuten

Schnelle Rote-Rüben-Suppe

400 g Rote Rüben (Rote Bete), geschält, klein gewürfelt
1 Zwiebel, klein gewürfelt
20 g Butter
20 g glattes Mehl
1 l Gemüsesuppe
125 ml Obers (Sahne)
125 g Sauerrahm (saure Sahne)
Frisch geriebener Kren (Meerrettich)
Salz, Pfeffer

Rote Rüben und Zwiebel in Butter anlaufen lassen, mit Mehl stauben, mit Suppe und Obers aufgießen und würzen. Köcheln lassen, bis die Rüben weich sind (ca. 10 Minuten), dann fein pürieren.
Suppe mit Rahm und Kren verfeinern und nach Geschmack würzen.

Rote Rüben speichern sehr leicht Nitrate. Geben Sie deshalb beim Einkauf Knollen aus biologischem Anbau den Vorzug, diese haben zumindest etwas weniger Nitrat gespeichert – gänzlich nitratfreie Rote Rüben werden Sie leider kaum mehr finden.

4 Portionen, Zubereitung ca. 20 Minuten

Kohlsprossen mit Speck

400 g Kohlsprossen (Rosenkohl)
100 g Frühstücksspeck, in Scheiben
Salz, Pfeffer, Kümmel (gemahlen)

Kohlsprossen in Salzwasser weich kochen, abschrecken. Speck in ca. 0,5 cm breite Streifen schneiden und in einer trockenen Pfanne anbraten, Kohlsprossen untermischen und unter Rühren erwärmen. Mit Salz, Pfeffer und Kümmel abschmecken.

Kohlsprossen haben nicht nur eine tonisierende Wirkung, sondern gelten dank ihres hohen Gehalts an Sulforaphan auch als eines der wichtigsten Gemüse mit Anti-Krebs-Wirkung.

4 Portionen, Zubereitung ca. 40 Minuten

Lauchstrudel

300 g Lauch, in feinen Ringen
1 Knoblauchzehe, gehackt
20 g Butter
300 g Kartoffeln, gekocht, gewürfelt
Evtl. 200 g Schinken, in Streifen
125 g Sauerrahm (saure Sahne)
2 Eier, 1 EL Brösel
1 Pkg. Blätterteig, backfertig
Salz, Pfeffer, Muskat, Kümmel,
Ei zum Bestreichen

Lauch und Knoblauch in Butter dünsten, nach Geschmack würzen und auskühlen lassen. Rohr auf 180 °C vorheizen. Schinken und Kartoffeln mischen. Rahm und Eier verquirlen und untermengen. Masse nach Bedarf mit Bröseln binden. Blätterteig ausrollen. Lauch und Kartoffeln darauf verteilen, dabei rundum einen ca. 3 cm breiten Rand freilassen. Strudel einrollen, mit Ei bestreichen, mit einer Gabel ein paar Mal einstechen. Strudel ca. 30 Minuten backen.

Die schwefelhaltigen Inhaltsstoffe des Lauchs sind sehr verdauungsfördernd und wirken regenerierend, verjüngend, aufbauend und innerlich desinfizierend.

Ruck-zuck
Gemüseküche

März

4 Portionen, Zubereitung ca. 20 Minuten

Hühnerschnitzel in Karottenpanier

400 g Karotten, fein geraspelt
2 EL Schnittlauch, geschnitten
40 g Haferflocken
4 Hühnerschnitzel (Hühnerbrustfilets)
50 g griffiges Mehl
1–2 Eier
Salz, Pfeffer,
Fett zum Ausbacken

Karotten, Schnittlauch und Haferflocken mischen, mit Salz und Pfeffer abschmecken.
Schnitzel salzen, pfeffern, in Mehl wenden, durchs verquirlte Ei ziehen und in der Karottenmasse wenden – fest andrücken.
Fett in einer Pfanne erhitzen und die Schnitzel bei geringer Hitze knusprig backen.
Schnitzel auf Küchenkrepp abtropfen lassen und mit grünem Salat servieren.

Die Gemüsepanier lässt sich mit vielen unterschiedlichen Gemüsen und sogar Obstarten variieren – seien Sie experimentierfreudig! Und: Die Gemüsepanier schmeckt Kindern wunderbar und ist eine gute Möglichkeit, ihnen unbemerkt etwas „Gesundes" unterzujubeln.

4 Portionen, Zubereitung ca. 40 Minuten

Gemüseeintopf

1 große Zwiebel, fein gehackt
1 Knoblauchzehe, fein gehackt
Je 300 g Kartoffeln, Karotten und Rote Rüben, in Würfeln
300 g Fisolen (grüne Bohnen), in Stücken
2 EL Tomatenmark
1 Lorbeerblatt
1 l Gemüsesuppe
2 EL Haferflocken
5 EL gehackte Kräuter nach Geschmack
150 g Sauerrahm (saure Sahne)
3 EL Apfelessig
Salz, Pfeffer, 1 EL Butter

Zwiebel und Knoblauch in Butter glasig dünsten, Gemüse zugeben und rund 3 Minuten unter gelegentlichem Rühren anschwitzen. Gemüse salzen, pfeffern, Tomatenmark und Lorbeer zugeben, kurz mit anschwitzen. Suppe zugießen und ca. 30 Minuten zugedeckt köcheln lassen.
Inzwischen die Haferflocken ohne Fett anrösten.
Sauerrahm mit den Kräutern vermischen.
Wenn das Gemüse bissfest ist, Lorbeerblatt entfernen. Eintopf nach Geschmack würzen und mit Kräuterrahm und Haferflocken garniert servieren.

Statt der Haferflocken können Sie auch Buchweizengrütze oder ganz einfach Backerbsen verwenden.

4 Portionen, Zubereitung ca. 35 Minuten

Schnelles Kartoffelgratin

800 g Kartoffeln, geschält, in Scheiben
250 ml Milch
1 großer Apfel, in Spalten
40 g gehackte Mandeln
Salz, Pfeffer, Muskat,
1 EL Butter für die Form

Ofen auf 220 °C (Umluft 200 °C) vorheizen.
Eine Gratinform mit Butter ausstreichen.
Kartoffelscheiben mit Salz, Pfeffer und Muskat würzen und in die Form schichten, die Milch vom Rand her vorsichtig zugießen. Kartoffeln 15 Minuten backen, dann Apfelspalten und Mandeln darauf verteilen und in weiteren 15 Minuten fertig backen.
Tolle Beilage zu Entenbrust auf Fruchtspiegel.

Statt Äpfeln können Sie auch Birnen nehmen. Oder Zwiebeln, Zucchini, Paprika, Oliven, Tomaten & Co. Statt Milch sollten Sie dann allerdings Gemüsesuppe verwenden.

4 Portionen, Zubereitung ca. 20 Minuten

Heringssalat mit Roten Rüben

500 g Heringe, entgrätet, in mundgerechten Stücken
Je 100 g Kartoffeln und Rote Rüben (Rote Bete), gekocht, geschält, gewürfelt
100 g Äpfel, geschält, entkernt, gewürfelt
50 g Essiggurkerln (saure Gurken), in kleinen Scheiben
250 g Sauerrahm (saure Sahne)
250 g Mayonnaise
Salz, Pfeffer, Worcestersoße, Kapern nach Geschmack (fein gehackt)

Rahm und Mayonnaise gut verrühren. Übrige Salatzutaten vorsichtig untermischen. Salat einige Stunden in Kühlschrank ziehen lassen.

Statt Mayonnaise können Sie auch Jogonaise verwenden – sie enthält weniger Fett, schmeckt auch sehr gut.

Für 4 Portionen, Zubereitung ca. 20 Minuten

Petersilienwurzel-Ragout

500 g Petersilienwurzel, in Scheiben
2 Schalotten, fein gewürfelt
60 g Kräuterbutter
200 ml Gemüsesuppe
1 Lorbeerblatt
1 Prise Nelkenpulver
1 TL Stärkemehl, in 2 TL Wasser angerührt
150 g Crème fraîche
2 Dotter
2 Bund Petersilie, gehackt
Schale von 1 Bio-Zitrone, abgerieben
Salz, Pfeffer

Schalotten in Kräuterbutter glasig dünsten. Wurzeln zugeben, Suppe zugießen und mit Lorbeer, Nelkenpulver, Salz und Pfeffer würzen. Wurzeln ca. 10 Minuten zugedeckt garen – Stärke einrühren, Ragout nochmals aufkochen. Crème fraîche, Dotter, Petersilie und Zitronenschale untermengen, Lorbeer entfernen. Ragout nicht mehr aufkochen – eventuell nochmals abschmecken. Passt hervorragend zu Kartoffeln und Kurzgebratenem.

Den Frischegrad von Petersilienwurzeln erkennt man am Blattgrün. Die Wurzel selbst muss fest und knackig sein, darf keine Risse haben. Weiche, schrumpelige Wurzeln sind alt und haben kaum Geschmack. Achtung: Die Petersilienwurzel kann große Mengen von Nitrat speichern, deshalb Ausschau nach solchen aus biologischem Anbau halten.

4 Portionen, Zubereitung ca. 10 Minuten

Schnelles Pastinakengemüse

3 Pastinaken, geschält, gewürfelt
3 Schalotten, gehackt
20 g Butter
250 ml Obers (Sahne)
Salz, Pfeffer

Pastinaken mit den Schalotten in der Butter anschwitzen. Mit dem Obers aufgießen und bissfest garen. Mit Salz und Pfeffer nach Geschmack würzen – passt zu Fleisch und Wild.

Weißgelbe, rettichförmige Pastinaken sind etwas würziger und schärfer. Je mehr Frost die Pastinaken abbekommen haben, desto süßer schmecken sie, und je größer sie sind, desto eher sind sie holzig.

4 Portionen, Zubereitung ca. 15 Minuten

Rucolasuppe

250 g Rucola, in Streifen
2 Zwiebeln, fein gehackt
2 TL Butter
200 g Frischkäse mit Kräutern
1,5 l Gemüsesuppe
2 EL Zitronensaft
200 g Ziegenfrischkäse
Salz, Pfeffer

Ca. 4 EL von den Rucolastreifen beiseitegeben. Zwiebeln in Butter glasig dünsten, restlichen Rucola zugeben, nach etwa 2 Minuten den Frischkäse zugeben und unter Rühren schmelzen. Suppe zugießen, aufkochen und ca. 4 Minuten köcheln lassen. Suppe mit dem Stabmixer pürieren und mit Zitronensaft, Salz und Pfeffer abschmecken. Ziegenkäse in Scheiben schneiden und mit dem restlichen Rucola auf der Suppe anrichten.

Rucola, ungewaschen, in einen aufgeblasenen Frischaltebeutel geben und gut verschlossen im Kühlschrank aufbewahren (max. 2 Tage). Frisch ist er dennoch viel besser. Versuchen Sie doch einmal, Rucola zu frittieren – schmeckt köstlich!

4 Portionen, Zubereitung ca. 10 Minuten

Radi-Gemüse

3 Bund Radieschen, geviertelt
3 Bund Jungzwiebeln (Frühlingszwiebeln), in Röllchen
100 g Butter
3 TL Balsamico
1 Tasse Kresse
Salz, Pfeffer

Gemüse in Butter glasig dünsten, mit Essig, Salz und Pfeffer nach Geschmack würzen und bei mittlerer Hitze etwa 2 Minuten braten. Mit Kresseblättchen bestreut anrichten. Dazu passt ein Spiegelei und ganz wunderbar Grillkäse.

Im Gemüsefach des Kühlschranks halten Radieschen einige Tage, aber bitte Blätter und Wurzeln vorher entfernen. Radi leitet sich übrigens von lat. Radix = Wurzel ab.

4 Portionen, Zubereitung ca. 15 Minuten

Klassische Karottensuppe

6 Karotten, geraspelt
2 EL Öl
Liebstöckel und/oder Suppenwürfel
2 mittelgroße mehlige Kartoffeln, geraspelt
Ein halber Bund Petersilie, gehackt
Salz

Karotten im Öl anrösten, mit 1 Liter Wasser aufgießen, Liebstöckel und/oder Suppenwürfel zugeben und aufkochen. Kartoffeln zugeben. Suppe bei schwacher Hitze ca. 10 Minuten zugedeckt kochen. Mit Salz abschmecken und mit Petersilie bestreut servieren.

Kräftig orange, gelblich, weiß oder violett, konisch, kugelig und von süß bis herb-bitter – früher gab es bei Karotten eine große Sortenvielfalt. Heute hat man nur noch bei spezialisierten Bio-Bauern die Qual der Wahl.

Viele Studien bestätigen, dass Weißkraut (ebenso wie seine Kohl-Kollegen) blutreinigend und entzündungshemmend wirkt und den Cholesterinspiegel positiv beeinflusst.

4 Portionen, Zubereitung ca. 25 Minuten

Weißkraut-Käse-Suppe

250 g Weißkraut, feine Streifen
2 Zwiebeln, in Ringen
40 g Butter
1 Gemüsesuppen-Würfel
2 –3 Ecken Schmelzkäse
3 EL frisch geriebener Parmesan
1 Bund Jungzwiebeln (Frühlingszwiebeln), in Ringen
3 EL Petersilie, gehackt
Salz, Pfeffer

Zwiebeln in Butter glasig dünsten, Krautstreifen zugeben und 2 Minuten braten. 1 l Wasser zugießen, Suppenwürfel hineinbröseln. Suppe pfeffern, vorsichtig salzen und ca. 15 Minuten köcheln lassen.
Schmelzkäse und 1 EL Parmesan einrühren. Kurz vor dem Servieren Jungzwiebeln und Petersilie einrühren. Suppe mit Parmesan bestreut servieren.

Ruck-zuck Gemüseküche

April

4 Portionen, Zubereitung ca. 15 Minuten

Pastinakenpuffer

500 g Pastinaken, geschält, fein geraspelt
2 Kartoffeln, geschält, fein geraspelt
200 g Mangold, mitsamt den Blattrippen in feine Streifen geschnitten
2 Eier
4 EL glattes Mehl
Salz, Pfeffer, Muskat,
Butter

Pastinaken, Kartoffeln, Mangold, Eier und Mehl vermischen, mit Salz, Pfeffer und Muskat würzen. Aus der Masse Puffer (Laibchen) formen und bei mittlerer Hitze in Butter beidseitig knusprig backen. Dazu passen am besten ein kalter Joghurt-Kräuter-Dip und Blattsalat.

Das ist eine wunderbare und schnelle Speise, und sie schmeckt vor allem auch Kindern, die Gemüse normalerweise nicht so gerne essen. Die Puffer kann man fast unendlich abwandeln: zusätzlich Äpfel, Karotten, Radieschen, … hineinreiben – probieren Sie es aus.

4 Portionen, Zubereitung ca.20 Minuten

Nudeln mit Spinat-Oliven-Pesto

250 g Blattspinat
2 Knoblauchzehen, grob gehackt
50 g grüne Oliven ohne Stein
2 EL Olivenöl
1 EL Pinienkerne
1 EL Zitronensaft
400 g Spaghetti
100 g Schafkäse, gewürfelt
Salz, Petersilie oder Oregano

Spinat in wenig Salzwasser kurz kochen, in kaltem Wasser abschrecken und ausdrücken. Spinat mit Knoblauch, Kräutern, Oliven, Olivenöl und Pinienkernen vermischen und fein pürieren – mit Zitronensaft abschmecken.
Spaghetti al dente kochen, abgießen und sofort mit dem Pesto vermischen. Mit Schafkäsewürfeln bestreut servieren.

Anti-Aging-Bombe: Der hohe Magnesiumanteil (50 g Spinat decken den Tagesbedarf) sorgt im Darm für die Resorption von Nukleotiden, die unsere Körperzellen täglich für Reparatur, Erneuerung und Verjüngung brauchen.

4 Portionen, Zubereitung ca. 15 Minuten

Rhabarbergemüse

250 g Zwiebeln, in Streifen
3 EL Butter
1 Vanilleschote
4–5 EL Kristallzucker
100 ml Rhabarbersaft, aus dem Reformhaus, oder Apfel- bzw. Traubensaft
300 g Rhabarber, mundgerechte Stücke
Salz, Pfeffer

Zwiebeln in Butter glasig anschwitzen. Vanilleschote längs halbieren, das Mark herauskratzen und mit der Schote zugeben. Zwiebel salzen, pfeffern und bei geringer Hitze ziehen lassen.
In einem anderen Topf Zucker hellbraun karamellisieren, mit Rhabarbersaft aufgießen und cremig einkochen lassen. Rhabarber zugeben und ca. 3 Minuten zugedeckt dünsten. Rhabarber vom Herd nehmen und zugedeckt ziehen lassen. Rhabarber und Zwiebeln gemeinsam auf Tellern anrichten. Passt wunderbar zu gegrilltem Fisch (z. B. Bio-Karpfen) und zu Huhn.

Rhabarber ist sehr gesund, einziger Wermutstropfen: Vor allem in den Wurzeln und Blütenansätzen ist sehr viel Oxalsäure enthalten – deshalb bitte immer großzügig entfernen. Rhabarbersaft ist in ausgewählten Reformläden und via www.rhabarbersaft.at erhältlich.

4 Portionen, Zubereitung ca. 40 Minuten

Zwiebelsuppe

9 Zwiebeln, feine Streifen
3 EL Olivenöl
1 TL gemahlener Kümmel
1 EL Butter
250 ml trockener Weißwein
1,3 l Gemüsesuppe
2 Lorbeerblätter
40 g frisch geriebener Parmesan
3 Majoranzweige, gehackt
Salz, Pfeffer, Cayennepfeffer

Zwiebeln in einem großen Topf in Olivenöl glasig dünsten (ca. 7 Minuten), Kümmel und Cayennepfeffer zugeben und weitere 2 Minuten dünsten. Butter zugeben, 1 Minute weitergaren – mit Wein ablöschen und 1 weitere Minute einkochen lassen. Suppe zugießen, aufkochen, salzen und Lorbeer zugeben. Suppe bei schwacher Hitze ca. 30 Minuten köcheln (nicht zudecken), dabei immer wieder umrühren (die Zwiebeln sollen weich sein). Parmesan und Majoran in die Suppe rühren – mit Salz, Pfeffer und Cayenne abschmecken.

Die klassische französische Zwiebelsuppe wird in ofenfesten Schüsseln portionsweise angerichtet, je eine Scheibe käsebestreutes Toastbrot daraufgelegt und überbacken.

4 Portionen, Zubereitung ca. 30 Minuten

Spargelrisotto mit Prosecco

350 g Risotto-Reis (z. B. Arborio)
3 kleine weiße Zwiebeln, gehackt
125 ml Prosecco
1,5 l heiße Gemüsesuppe
1 Stück Parmesanrinde
1 kg weißer Spargel, in Stücke geschnitten
125 g Crème fraîche
Frisch geriebener Parmesan
Butter und Olivenöl zum Braten

Reis und Zwiebel in Butter und Öl anschwitzen, mit Prosecco ablöschen, Spargel und Parmesanrinde zugeben. Heiße Suppe nach und nach zugießen (der Reis soll immer bedeckt sein) und ständig rühren. Nach 15 bis 18 Minuten sollten die Reiskörner „al dente" sein. Zum Schluss geriebenen Parmesan und Crème fraîche einrühren.

Es muss nicht unbedingt Prosecco sein, ein guter trockener Weißwein tut es auf jeden Fall auch.

4 Portionen, Zubereitung ca. 10 Minuten

Jungzwiebel-Gnocchi

250 g fertige Gnocchi
200 g Rohschinken, in Streifen
10 Jungzwiebeln (Frühlingszwiebeln), feine Ringe
3 Karotten, grob geraspelt
50 g Butter
4 EL Schnittlauch, geschnitten
50 g frisch geriebener Parmesan
Salz, Pfeffer

Gnocchi ca. 5 Minuten in Salzwasser kochen. Inzwischen Schinken, Jungzwiebeln und Karotten in Butter anschwitzen und kurz bissfest dünsten. Gnocchi abseihen und vorsichtig untermischen. Mit Salz und Pfeffer würzen und mit Schnittlauch und Parmesan bestreuen.

Jungzwiebeln sind reich an gesunden ätherischen Ölen, daher niemals im elektrischen Zerkleinerer hacken, da sie dann leicht bitter werden können.

4 Portionen, Zubereitung ca. 20 Minuten

Gratinierter Spargel

1 kg weißer Spargel
200 g Rohschinken
2 Knoblauchzehen
2 EL Butter
2 Eier
100 ml Obers (Sahne)
100 g geriebener Parmesan oder Gouda
Salz, Pfeffer, Muskat

Vom Spargel die trockenen Enden großzügig abschneiden. Spargel gründlich schälen, in Salzwasser bissfest kochen, abschrecken und abtropfen lassen. Spargelstangen mit Schinken umwickeln und in eine feuerfeste Form legen. Ofen auf 250 °C vorheizen. Gepressten Knoblauch in Butter glasig dünsten, Obers mit Eiern, Salz, Pfeffer und Muskat verquirlen, Knoblauchbutter unterrühren. Masse über den Spargel gießen. Käse darüberstreuen, Spargel ca. 10 Minuten im Ofen backen.

Achtung: Spargel möglichst aus heimischer (Bio-)Produktion kaufen, Importspargel wird sehr oft intensiv angebaut und weist dadurch eine extrem hohe Pestizidbelastung auf.

4 Portionen, Zubereitung ca. 10 Minuten

Alpenlachs mit Gemüse-Eierspeise

8 Scheiben Alpenlachs
4 Eier
50 ml Milch
1 EL Petersilie, gehackt
2 EL Kürbiskerne, gehackt
2 Jungzwiebeln (Frühlingszwiebeln), feine Ringe
1 grüner Paprika, entkernt, gewürfelt
4 Cocktailtomaten, geviertelt
1 EL Olivenöl
Salz, Pfeffer, Tabasco

Eier mit Milch, Petersilie und Kürbiskernen verquirlen. Jungzwiebeln in wenig Öl in einer Pfanne anbraten. Eiermilch darübergießen und leicht stocken lassen, dabei immer wieder umrühren. Tomatenviertel und Paprikawürfel zugeben. Eierspeise durchrühren und mit Salz, Pfeffer und Tabasco würzen. Eierspeise auf dem Lachs verteilen und mit getoastetem Weißbrot servieren.

Alpenlachs erzeugt mit österreichischen Franchisenehmern unter ökologisch nachhaltigen und artgerechten Bedingungen hochqualitative Speisefische. Bezugsquellen für Österreich, Deutschland und die Schweiz gibt's auf www.alpenlachs.at.

4 Portionen, Zubereitung ca. 25 Minuten

Knoblauchsuppe

15–20 Knoblauchzehen, klein geschnitten
1 kleine Zwiebel, fein gewürfelt
20 g Butter
1 Schuss Weißwein
300 ml Rindsuppe
250 ml Obers (Sahne)

Zwiebel in Butter farblos anschwitzen, Knoblauch zugeben, kurz mit anschwitzen und mit Wein ablöschen. Suppe zugießen und ca. 20 Minuten kochen. Ca. 180 ml vom Obers zugeben, Suppe mixen, mit Salz und Pfeffer abschmecken. Kurz vor dem Servieren restliches Obers schlagen und zugeben, Suppe noch einmal aufmixen.

Das ätherische Knoblauchöl mit dem Wirkstoff Alliin wirkt als Ausputzer in den Arterien, verhindert Verklumpungen im Blut und dringt in die feinsten Haargefäße ein – deshalb „duften" fleißige Knoblauchesser auch so.

Salatsoßen am besten shaken: Zutaten in ein Schraubglas geben, kräftig schütteln, fertig. Im Glas lässt sich die Soße übrigens auch ein paar Stunden aufbewahren.

4 Portionen, Zubereitung ca. 5 Minuten

Spinatsalat

- 1 kg frischer Blattspinat
- 2 Birnen, entkernt, in Spalten
- 2 EL Balsamico
- 2 EL Olivenöl
- 3 EL Orangensaft
- 1 Knoblauchzehe, fein gehackt
- 1 gute Handvoll Blauschimmelkäse, zerbröckelt
- 4 EL gehackte, geröstete Walnüsse
- Salz

Aus Balsamico, Öl, Orangensaft, Knoblauch und Salz eine Salatsoße rühren. Spinat untermischen. Spinat auf Tellern verteilen, Birnenspalten darauf anrichten, mit Käse und Nüsse bestreuen.

Ruck-zuck Gemüseküche

Mai

4 Portionen, Zubereitung ca. 20 Minuten

Kohlrabi in Specksoße

4 Kohlrabi (oder Steckrüben), mundgerechte Streifen
160 g Hamburger Speck, gewürfelt
4 Schalotten, gewürfelt
2 TL Butter
2 EL Paprikapulver
250 ml Obers (Sahne)
4 EL Petersilie, gehackt
Salz

Speck und Schalotten in Butter glasig andünsten, Kohlrabi beifügen, salzen und bei geringer Hitze ca. 12 Minuten zugedeckt dünsten. Paprikapulver einrühren, Obers zugießen. Gemüse noch kurz köcheln, mit Petersilie bestreut anrichten. Schmeckt gut zu Koteletts und scharf angebratenem Huhn.

Ob weiß oder blau: Mit einem hohen Anteil an Vitamin C, Karotinoiden, Folsäure, Kalzium, Kalium und Magnesium ist Kohlrabi einer der besten Vitamin- und Mineralstofflieferanten.

Mangold welkt sehr rasch – in ein feuchtes Tuch gewickelt hält er im Gemüsefach des Kühlschranks maximal zwei Tage.

4 Portionen, Zubereitung ca. 20 Minuten

Schnelles Mangoldgemüse

800 g frischer Mangold
40 g Haselnüsse, grob gehackt
150 g Crème fraîche
Salz, Pfeffer, etwas Olivenöl

Die Fäden von den Mangoldstielen mit einem kleinen Messer abziehen. Stiele und grobe Blattrippen in ca. 4 cm lange Stifte schneiden. Restliche Mangoldblätter in Streifen schneiden. Nüsse und Stiele in wenig Öl 5–6 Minuten anrösten, Blattstreifen beifügen, Crème fraîche untermengen. Gemüse bei geringer Hitze etwa 5 Minuten köcheln lassen, mit Salz und Pfeffer abschmecken. Wunderbare Beilage zu Fleisch, aber auch zu Getreidelaibchen.

4 Portionen, Zubereitung ca. 25 Minuten

Spiralnudeln mit Spargel und Rhabarber

Je 300 g weißer und grüner Spargel
und 350 g Rhabarber,
in mundgerechten Stücken
40 g Butter
3 EL Staubzucker
200 ml Gemüsesuppe
1 EL grüne Pfefferkörner
300 g Spiralnudeln
150 g Rucola, grob zerpflückt
Salz, Pfeffer

Zucker in etwa 20 g Butter karamellisieren und mit der halben Menge Suppe aufgießen. Rhabarber und Pfefferkörner zufügen und bei geringer Hitze 4 Minuten kochen.
In der restlichen Butter bei mittlerer Hitze den weißen Spargel etwa 2 Minuten anrösten, restliche Suppe zugießen, Spargel ca. 4 Minuten bei geringer Hitze zugedeckt dünsten. Grünen Spargel zugeben und weitere 4 Minuten dünsten. Die Nudeln al dente kochen und mit etwa 50 ml des Nudelwassers und dem Rhabarber zum Spargel geben. 2 Minuten unter Rühren erhitzen – kurz vor Ende der Garzeit den Rucola untermengen.

Vorsicht: Wegen der enthaltenen Oxalsäure darf Rhabarber nie roh gegessen und nicht in Aluminiumtöpfen gekocht werden!

4 Portionen, Zubereitung ca. 20 Minuten

Schnelles Zwiebelgemüse

500 g Zwiebeln, Ringe
3 EL Butter
250 g Karotten, in Scheiben
125 ml trockener Weißwein
1 Pkg. (300 g) Tiefkühlerbsen
Salz, Pfeffer

Zwiebeln in Butter erhitzen und unter Rühren dünsten, Karotten zugeben, salzen und pfeffern. Mit Wein ablöschen und alles bei geringer Hitze etwa 12 Minuten zugedeckt dünsten. Zuletzt Erbsen unterrühren (tauen ganz schnell auf!). Passt sehr gut zu Bratwurst, Kotelett oder Schweinsbraten.

Bevor Sie Zwiebeln schneiden, die Hände gut mit Zitrone abreiben. Der Zitronensaft neutralisiert den Zwiebelgeruch weitgehend.

4 Portionen, Zubereitung ca. 20 Minuten

Topfen-Gemüse-Laibchen

250 g Magertopfen (Magerquark)
20 g geriebener Parmesan
5 EL Haferflocken
1 Ei
2 Zwiebeln, grob gehackt
2 Knoblauchzehen
7 EL Öl
200 g Karotten, grob geraspelt
100 g Sonnenblumenkerne
Salz, Pfeffer

Topfen mit Parmesan, Haferflocken und Ei vermischen. Zwiebel und Knoblauch in 3 EL vom Öl anbraten, Karotten dazugeben, kurz anbraten, salzen, pfeffern und unter die Topfenmasse mischen.
Acht Laibchen formen, in Sonnenblumenkernen wälzen und im restlichen Öl auf beiden Seiten goldbraun braten.

Der beste Dip dazu: Radieschen klein hacken, Kren frisch reiben und in eine Topfen-Milch-Mischung einrühren, mit Salz, Pfeffer und evtl. Zitronensaft abschmecken, Kräuter nach Geschmack zugeben – fertig.

4 Portionen, Zubereitung ca. 10 Minuten

Pfannenradieschen

12 Radieschen, halbiert
2 EL Butterschmalz oder Ghee
2 Lorbeerblätter
Salz

Butterschmalz in einer Pfanne erhitzen, Lorbeer darin kurz anrösten – Radieschen zugeben, salzen und, je nach Größe, 6 bis 8 Minuten zugedeckt dünsten.
Eine wunderbare und schnelle Beilage zu Fisch, Huhn oder Grillkäse.

Radieschen, die etwas weich und trocken geworden sind, werden wieder knackiger, wenn man sie kurze Zeit ins Wasser legt.

4 Portionen, Zubereitung ca. 25 Minuten

Italienischer Blattspinat

1 kg Blattspinat, blanchiert
100 g Butter
2 Knoblauchzehen, in Scheiben
2 Tomaten, geschält, entkernt, gewürfelt
Salz, Pfeffer, Muskat, etwas Gemüsesuppe

Butter leicht bräunen, Tomaten, Knoblauch und zuletzt den Spinat zugeben – kurz durchrühren und mit etwas Suppe aufgießen. Spinat nach Geschmack würzen – vor dem Anrichten eventuell in einem Sieb abtropfen lassen. Eine vielseitige Beilage, schmeckt vor allem jedoch zu Fischen mit intensivem Eigengeschmack (Seezunge, Steinbutt). Übrigens: Für verantwortungsvollen Fischgenuss lohnt sich ein Blick auf die Greenpeace-Seite und deren Fischratgeber.

Selbst gemachte Gemüsesuppe zum Aufgießen ist wunderbar. Wenn's allerdings schnell gehen soll: gewünschte Wassermenge im Wasserkocher wärmen, Suppenwürfel hineinbröseln, umrühren, fertig.

4 Portionen, Zubereitung ca. 15 Minuten

Überbackener Spargel

1 kg grüner Spargel
6–8 EL Butter
120 g geriebener Parmesan
Salz, Pfeffer

Ofen auf Grillstellung oder starke Oberhitze vorheizen. Spargel in Salzwasser bissfest kochen. Heiß auf ofenfesten Tellern verteilen, mit flüssiger Butter beträufeln und mit Parmesan bestreuen. Spargel 4–6 Minuten goldbraun überbacken – pfeffern. Dazu passen Kartoffeln oder Olivenbrot sehr gut.

Grüner Spargel wird nur dünn im unteren Drittel geschält – am besten legt man die Stangen dabei flach auf die Arbeitsfläche, damit sie nicht brechen.

4 Portionen, Zubereitung ca. 30 Minuten

Gefüllte Tomaten

8 mittelgroße Tomaten
350 g milder Schafkäse
1 Bund gehackte Kräuter
(vorzugsweise Basilikum)
2 TL Sonnenblumenöl

Ofen auf 160 °C vorheizen. Tomaten kappen und aushöhlen. Käse fein zerbröseln und mit drei Vierteln der Kräuter mischen. Tomaten mit der Masse füllen, in eine Auflaufform setzen, mit Öl beträufeln, mit restlichen Kräutern bestreuen und die Kappen aufsetzen. Tomaten 10 Minuten im Rohr überbacken. Mit Kräutern garnieren und mit getoastetem Brot servieren.

Lycopin, der rote Farbstoff in den Tomaten, ist eines der am stärksten antioxidativ wirkenden Carotinoide (Vitamin A-Vorstufe) und in verarbeiteten und erhitzten Produkten besser verfügbar als in der rohen Tomate.

4 Portionen, Zubereitung ca. 25 Minuten

Erbsenomelette

250 ml Milch
2 gehäufte EL glattes Mehl
400 g Erbsen
4 Eier
Etwas Staubzucker
1 Bund Kerbel
1 Kästchen Kresse
40 g Butter
Salz, Pfeffer, Muskat

150 ml von der Milch mit etwas Salz, Pfeffer und Muskat aufkochen. Restliche Milch mit Mehl glatt rühren und in die kochende Milch einrühren. Aufkochen, dann abkühlen lassen.
Erbsen 5 Minuten in Salzwasser kochen, abschrecken und abseihen.
Rohr auf 180 °C vorheizen. Eier trennen. Dotter in die Milchmasse einrühren, Eiklar mit 1 Prise Salz und Zucker steif schlagen und mit der halben Menge Erbsen und den Kräutern unter die Dottermasse heben – eventuell nachwürzen.
Butter in einer großen Pfanne schmelzen, Masse eingießen, mit restlichen Erbsen bestreuen und im Rohr ca. 15 Minuten backen.

Von Erbsen in der Schote sind rund 70 Prozent Abfall. Von 1 kg bleiben also nur rund 300 g Erbsen übrig.

Ruck-zuck Gemüseküche

Juni

4 Portionen, Zubereitung ca. 10 Minuten

Gurken-Zucchini-Gemüse

1 große Salatgurke, geschält, entkernt, in Stücken
2 Zucchini, in Stücken
1 Suppenwürfel
6 EL Wasser
1 Bund Dille, gehackt
2 EL Olivenöl
Salz, bunter Pfeffer aus der Mühle

Gurke und Zucchini mit Pfeffer würzen und in heißem Öl etwa 2 Minuten braten, Suppenwürfel darüberbröseln, Wasser zugießen und nochmals 2 Minuten leicht köcheln lassen.
Dille untermischen, Gemüse vom Herd nehmen und 1 Minute ziehen lassen – wenn nötig mit Salz abschmecken.

Zucchini sollte man mit der Schale essen, denn darin und knapp darunter ist viel vom Schutzvitamin Beta-Carotin enthalten. Zucchini deshalb vor der Zubereitung bitte immer gründlich waschen.

4 Portionen, Zubereitung ca. 10 Minuten

Brokkoli-Ingwer-Mix

800 g Brokkoli, in Röschen geteilt
2 Knoblauchzehen, fein gehackt
1 walnussgroßes Stück Ingwer, geschält, in Streifen
4 EL Olivenöl
Salz, Pfeffer

Brokkoli in Salzwasser oder im Dampfgarer bissfest kochen, dann kalt abschrecken.
Knoblauch und Ingwer im Öl kurz anbraten. (Achtung: Knoblauch darf nicht braun werden.)
Mischung mit Salz und Pfeffer würzen, Brokkoliröschen damit übergießen und servieren.

Ein ganz einfacher und schneller Klassiker von Italo-Starkoch Antonio Carluccio – und natürlich: je frischer die Brokkoli, desto besser.

4 Portionen, Zubereitung ca. 65 Minuten

Paprikahendl

1 Biohuhn
200 g Zwiebeln, gehackt
4 rote Paprika, entkernt, gewürfelt
2 EL Paprikapulver
1 EL Tomatenmark
6 EL Weißwein
600 ml milde Hühnersuppe
1 Lorbeerblatt
250 g Sauerrahm (saure Sahne)
2 EL glattes Mehl
Salz, etwas Öl

Huhn in vier Teile teilen, Knochen auslösen, die Haut abziehen (siehe Tipp). Fleisch salzen und in Öl bei schwacher Hitze kurz garen, dabei mehrmals wenden. Zwiebeln in Öl glasig anschwitzen, Paprika kurz mitrösten, Paprikapulver und Tomatenmark unterrühren, mit Wein aufgießen und alles einkochen.
Suppe zugießen, Huhn und Lorbeer zugeben. Bei mittlerer Hitze zugedeckt 40 Minuten dünsten. Hühnerteile und Lorbeer herausnehmen, Rahm mit Mehl glatt rühren, in die Soße einrühren und 5 Minuten kochen lassen. Soße pürieren, salzen, Hühnerteile einlegen und ca. 5 Minuten bei mittlerer Hitze dünsten.

Wer's besonders mag: Die Hühnerhaut extra anbraten, salzen, klein hacken und vor dem Servieren über das Paprikahuhn streuen.

Weltweit werden jährlich etwa 300 Millionen Tonnen Kartoffeln geerntet. Damit ist die Knolle eines der wichtigsten Grundnahrungsmittel.

4 Portionen, Zubereitung ca. 30 Minuten

Kartoffel-Gurken-Pfanne

200 g Schalotten, in Ringen
500 g Kartoffeln, in Scheiben
2 EL Rapsöl
1 EL Butter
300 g Champignons, geviertelt
200 g Salzgurken (saure Gurken, milchsauer eingelegt), in Scheiben
150 ml Gemüsesuppe
1 Bund Dille, gehackt
200 g Sauerrahm (saure Sahne)
Salz, Cayennepfeffer

Öl und Butter in einer Pfanne erhitzen, Schalotten- und Kartoffelscheiben darin bei mittlerer Hitze braten. Pilze und Gurken kurz mitbraten, mit 100 ml Gurkenmarinade und der Suppe ablöschen, aufkochen und etwa 10 Minuten garen. Mit Salz und Pfeffer abschmecken. Dille mit Rahm vermischen und vor dem Servieren über dem Gemüse verteilen.

4 Portionen, Zubereitung ca. 5 Minuten

Geröstete Tomaten

Je 500 g gelbe und rote Cocktailtomaten
5 EL Olivenöl
1 TL Staubzucker
2 EL Balsamico
3 Korianderstängel, grob gehackt
Salz, Pfeffer

Tomaten ohne Fett rösten, bis die Haut kleine braune Stellen hat (2 bis 3 Minuten). Öl in die Pfanne geben und Tomaten noch 1 Minute braten. Mit Salz, Pfeffer, Zucker und Essig abschmecken, mit Koriander bestreut servieren.
Eine sommerliche Beilage zu Fleisch, Fisch und Käse.

Sonnengeküsste Tomaten sind kalorienarm, entwässern, wirken blutdrucksenkend und helfen bei Rheuma, Arthritis und Gicht.
Dank der großen Portion Zink sorgen sie auch für schönes Bindegewebe und ihr Biotin macht Haut, Haar und Nägel schön.

Am besten zu mittelgroßen Kohlrabi mit dünner Schale und frischem Grün greifen – eine harte, eingerissene Schale ist Indiz für ausgetrocknete, holzige Exemplare.

4 Portionen, Zubereitung ca. 35 Minuten

Gefüllte Kohlrabi

8 kleine Kohlrabi, geschält
150 g Ricotta
80 g geriebener Parmesan
4 EL Petersilie, gehackt
3 EL Olivenöl
Salz, Pfeffer, Butter für die Form

Kohlrabi etwa 8 Minuten in Salzwasser kochen, kurz auskühlen lassen, dann einen Deckel abschneiden. Kohlrabi mit einem Löffel aushöhlen.
Das Innere würfeln und in einer Pfanne in Öl anrösten, salzen und pfeffern. Masse mit Ricotta, Parmesan und Petersilie verrühren und in die Kohlrabi füllen.
Rohr auf 200 °C vorheizen. Kohlrabi in eine befettete Auflaufform setzen und ca. 18 Minuten im Ofen garen.

4 Portionen, Zubereitung ca. 40 Minuten

Überbackene Zucchini

4 Zucchini
1 Dotter
Je ein halber EL gehackte Petersilie, Basilikum, Thymian und Majoran
1 Knoblauchzehe, gehackt
1 EL Olivenöl
200 g Frischlachs, püriert oder fein gehackt
Salz, Pfeffer

Zucchini je nach Größe 5 bis 10 Minuten in Salzwasser kochen.
Rohr auf 180 °C vorheizen. Zucchini längs halbieren, Hälften mit einem Löffel aushöhlen. Das Innere vorsichtig ausdrücken, fein hacken und mit Dotter, Kräutern, Knoblauch, Öl und Lachs mischen – mit Salz und Pfeffer kräftig würzen.
Zucchini mit dem Lachsmix füllen und ca. 15 Minuten im Rohr backen.

Zucchini sind eine Kürbisart, sie werden bis zu 40 cm lang. Zarter und besser schmecken allerdings nur Früchte bis maximal 20 cm Länge.

4 Portionen, Zubereitung ca. 20 Minuten

Peperonata

Je 4 gelbe und rote Paprika, entkernt, geviertelt
2 EL Balsamico
3 TL Thymian, gehackt
4 EL Olivenöl
Salz, Pfeffer

Rohr auf starke Oberhitze vorheizen. Paprika mit der Hautseite nach oben auf ein Blech legen und ca. 12 Minuten braten. Wenn die Haut schwarze Blasen wirft, die Paprika in einen Tiefkühlbeutel geben und ausdampfen lassen. Die Haut abziehen, Fruchtfleisch in mundgerechte Würfel schneiden. Paprika mit Essig, Salz, Pfeffer, Thymian und Öl vermengen.
Schmeckt gut auf einem Butterbrot.
Als Beilage zu Gegrilltem ist die Peperonata der Hit.

Auch wenn man landläufig von Schoten spricht, Paprika zählt zu den Beeren. Und: Grüner Paprika ist schlicht die unreif geerntete Frucht – reif sind Paprika gelb, orange, violett oder rot.

4 Portionen, Zubereitung ca. 30 Minuten

Gemüse-Bolognese

Je 80 g Karotten und Knollensellerie
100 g Staudensellerie
Je 1 roter und gelber Paprika
1 Zucchini
2 EL Olivenöl
2 Knoblauchzehen, gehackt
1 Zwiebel, gehackt
2 EL Tomatenmark
100 ml Gemüsesuppe
250 ml passierte Tomaten
Je 2 Thymian- und Rosmarinzweige
2 Tomaten, gewürfelt
1 Handvoll gehackte Petersilie
Salz, Pfeffer, Zucker

Gemüse wenn nötig schälen, dann fein würfeln.
Öl in einem großen Topf erhitzen, Gemüse, Zwiebel und Knoblauch andünsten, Tomatenmark zufügen und anrösten. Mit Suppe und passierten Tomaten aufgießen, Kräuterzweige dazugeben. Soße 10–15 Minuten offen einkochen lassen.
Kräuter entfernen. Soße mit Salz, Pfeffer und einer vorsichtigen Prise Zucker nach Geschmack würzen, Tomatenwürfel und Petersilie untermischen.
Mit Nudeln nach Geschmack servieren.

Diese fleischlose Bolognese lässt sich nach Geschmack und Gemüseangebot variieren und übrigens auch hervorragend einfrieren. Wer mag, kann die Tomaten häuten und entkernen – das muss aber nicht unbedingt sein.

Der Karfiol behält seine weiße Farbe, wenn man etwas Zitronensaft ins Kochwasser gibt. Ein Stück Brot mitgekocht mildert den starken Kohlgeruch.

4 Portionen, Zubereitung ca. 40 Minuten

Karfiol mit Käsesoße

1 Karfiol (Blumenkohl)
80 g Butter
5–6 EL glattes Mehl
125 ml Obers (Sahne)
100 g geriebener Käse
2 EL Semmelbrösel
Zitronensaft
Salz, Muskat, Butterflocken

Karfiol mit dem Strunk nach unten in kochendes Salzwasser legen und darin fast gar kochen. Karfiol vorsichtig herausnehmen. 500 ml vom Kochwasser beiseitegeben.
60 g von der Butter zerlassen, Mehl unter Rühren darin erhitzen. Kochwasser und Obers zugießen, aufkochen und ca. 10 Minuten schwach köcheln lassen. Soße mit Salz, Muskat und Zitronensaft nach Geschmack würzen, den Käse unterrühren. Karfiol in eine Auflaufform geben, mit der Soße übergießen, mit Bröseln bestreuen und mit Butterflocken belegen. Im vorgeheizten Rohr bei ca. 225 °C 20–25 Minuten überbacken.

Ruck-zuck Gemüseküche

Juli

4 Portionen, Zubereitung ca. 10 Minuten

Balsamico-Fenchel

4 junge Fenchelknollen, halbiert
200 ml Weißwein
5 EL Olivenöl
3 Thymianzweige
3 Petersilstängel
3 Knoblauchzehen, halbiert
1 roter Paprika, klein gewürfelt
4 EL Balsamico
Salz

Wein, 3 EL vom Öl, Kräuter und Knoblauch aufkochen, Fenchel mit der Schnittfläche hineinlegen, salzen und 5 Minuten kochen, im Sud überkühlen lassen. Paprikawürfel mit Essig und 2 EL Öl vermengen, nach Geschmack würzen. Fenchel anrichten und mit dem Ölmix beträufeln. Passt super zu Lamm.

Nach der griechischen Mythologie hat Prometheus den Menschen das Feuer in einem Fenchelstamm vom Himmel gebracht.

4 Portionen, Zubereitung ca. 15 Minuten

Zucchini-Creme

2 kleine Zucchini, entkernt, gewürfelt
2 Knoblauchzehen, fein gehackt
3 Schalotten, fein gehackt
1 Thymianzweig
Etwas Gemüsesuppe
4 cl Madeira
2–3 EL eingelegter grüner Pfeffer
Olivenöl, Butter

Schalotten, Knoblauch und Thymian in etwas Olivenöl anschwitzen, Zucchini zugeben und kurz mitbraten. Suppe und Madeira zugießen, kurz köcheln lassen. Thymian entfernen. Gemüse mit dem Stabmixer pürieren, Pfefferkörner zugeben, nach Geschmack mit etwas Butter und Olivenöl abrunden. Schmeckt wunderbar zu allem Gegrillten.

Zucchini halten bis zu 12 Tage, sollten aber nicht unter 8 °C gelagert werden. Und: Nicht in der Nähe von Obst und Gemüse lagern, das das Reifegas Ethylen verströmt (z. B. Tomaten, Äpfel, Bananen). Die Zucchini würden dann schneller verderben.

Die Roten Rüben sollten prall und ohne Schadstellen sein. Auch saftiges Blattgrün ist ein Zeichen von Frische, allerdings nicht, wie z. B. bei Kohlrabi, zur weiteren Verwendung geeignet.

4 Portionen, Zubereitung ca. 75 Minuten

Rote Rüben mit Apfeldip

- 8 Rote Rüben (Rote Bete)
- 250 g Topfen (Quark)
- 180 g Apfelmus
- 2 EL Zitronensaft
- 2 TL Honig, flüssig, evtl. leicht erwärmen
- 3 EL Schnittlauch, geschnitten
- 2 TL geriebener Kren (Meerrettich)
- 2 EL Nussöl
- Salz, Pfeffer, Butter

Ofen auf 175 °C vorheizen, Rüben waschen, mehrmals mit der Gabel einstechen und einzeln in Alufolie wickeln – im Ofen je nach Größe, 45 Minuten bis zu 1 Stunde garen (Garprobe: anstechen).

Inzwischen Topfen mit Apfelmus, Zitronensaft und Honig glatt rühren, Schnittlauch untermengen, mit Kren, Salz und Pfeffer abschmecken und kaltstellen.

Rüben etwas abkühlen lassen, schälen, in Scheiben schneiden – sollten sie noch nicht richtig bissfest sein, dann in etwas Butter schnell fertig braten. Scheiben salzen, mit Nussöl beträufeln und mit dem Dip servieren.

Passt super zu gegrilltem Fisch oder Rindfleisch.

4 Portionen, Zubereitung ca. 90 Minuten

Fisolengulasch

500 g Gulaschfleisch (Rind oder Schwein), gewürfelt
50 g Selchspeck, gewürfelt
200 g Zwiebeln, fein gewürfelt
4 EL Öl
Ein halber EL Tomatenmark
2 EL scharfes Paprikapulver
750 ml Gemüsesuppe
Ein halber TL Kümmel, gehackt
2 TL getrocknetes Bohnenkraut
500 g Fisolen (grüne Bohnen)
1 kleine Kartoffel, fein gerieben
6 EL Sauerrahm
Salz, Pfeffer

Zwiebeln und Speck in Öl hellbraun braten, Fleisch zugeben und ca. 3 Minuten mitbraten. Tomatenmark einrühren und kurz mitrösten, Paprika unterrühren, Suppe zugießen. Mit Kümmel, Bohnenkraut, Salz und Pfeffer würzen. Bei geringer Hitze eine gute Stunde zugedeckt köcheln – öfter umrühren.
Fisolen halbieren und zugeben. 200 ml heißes Wasser zugießen. Gulasch noch ca. 20 Minuten kochen. Für die Bindung die Kartoffel untermengen, Gulasch noch einmal aufkochen. Mit Sauerrahm-Klecksen anrichten.

Ob Stangen-, Busch- oder Prinzessbohnen: Frische Fisolen, übrigens angeblich die Leibspeise von Lukullus, müssen sich brechen lassen und dabei knacken.

4 Portionen, Zubereitung ca. 40 Minuten

Melanzani im Bierteig

2 Melanzani (Auberginen)
100 g Weizenvollkornmehl
250 ml Bier
2 Eiklar
Salz, Pfeffer,
Öl zum Backen
Zitronensaft

Melanzani in Scheiben schneiden, salzen und 30 Minuten ziehen lassen.
Inzwischen Mehl, Bier, Salz und Pfeffer mit dem Schneebesen verrühren. Eiklar zu cremigem Schnee schlagen und unter den Bierteig heben. Melanzanischeiben im Teig wenden und in heißem Fett goldbraun backen.

Die Melanzanischeiben unbedingt sofort mit Zitronensaft einreiben, da sich das helle Fruchtfleisch bei Sauerstoffkontakt rasch braun verfärbt.

4 Portionen, Zubereitung ca. 10 Minuten

Butterkarotten

1 Bund junge Karotten mit etwas Grün, gebürstet oder geschält
500 ml Gemüsesuppe
Ein halber Bund Kerbel, gehackt
50 g Butter
1 EL Honig oder Ahornsirup
Salz

Suppe aufkochen, die ganzen Karotten zugeben und zugedeckt bissfest garen (6–8 Minuten).
Butter in einer Pfanne aufschäumen lassen, Honig und 1 Prise Salz zugeben, die Karotten darin ein paar Mal vorsichtig wenden, mit Kerbel bestreut servieren. Eine wunderbare Beilage, passt eigentlich zu allem.

Wer Kerbel nicht mag oder hat, kann auch das gehackte Blattgrün der Karotten statt Kräutern verwenden.

Knackige Stangen und grüne Blättchen sind ein Zeichen dafür, dass die Stangensellerie frisch ist. Sind die Blätter welk oder gar gelb, schmeckt das Gemüse sehr zäh.
Sellerie ist die beste Anti-Stress-Medizin. Schon Hippokrates pries ihn für Fälle, „in denen deine Nerven flattern", als heilende Nahrung.

4 Portionen, Zubereitung ca. 25 Minuten

Gratinierte Sellerie

800 g Stangensellerie,
harte Fasern und Enden entfernen
100 g frisch geriebener Parmesan
1 EL Olivenöl
Salz, Pfeffer, Fett für die Form

Sellerie in reichlich Salzwasser bissfest kochen (ca. 8 Minuten). Eiskalt abschrecken und gut abtropfen lassen. Ofen auf 220 °C vorheizen. Eine Form ausfetten, Sellerie hineinlegen, mit Parmesan bestreuen, mit Öl beträufeln. Im Ofen gratinieren, bis der Käse leicht braun ist (ca. 15 Minuten). Selleriegrün fein hacken und darüberstreuen.
Passt als Vorspeise mit Weißbrot oder als Beilage zu gebratenem Fleisch.

4 Portionen, Zubereitung ca. 20 Minuten

Brokkoli-Pasta

100 g Nudeln
(Farfalle oder Gnocchetti)
1 Brokkoli (ca. 500 g)
80 g Anchovis, fein gehackt
6 getrocknete Tomaten
Rosmarin, fein gehackt
250 ml Obers (Sahne)
250 ml Gemüsesuppe
90 g Ziegenfrischkäse, kleine Stücke
Salz, Pfeffer, Butter
Olivenöl zum Braten

Brokkoliröschen kurz in Salzwasser kochen, kalt abschrecken und abtropfen lassen. Brokkolistiel schälen, ganz fein hacken und mit Anchovis, Tomaten und Rosmarin in Butter und Olivenöl anbraten. Obers und Suppe zugeben, Soße cremig einkochen, salzen und pfeffern. Nudeln al dente kochen und mit dem Sugo mischen. Brokkoliröschen und Käse darauf anrichten.

Beim Einkauf auf die Farbe achten: Stiele und Blätter des Brokkolis müssen knackig grün sein, die Knospen eher blaugrün und auf jeden Fall geschlossen. Je gelblicher das Gemüse, desto bitterer der Geschmack. Und: Hände weg von in Plastik eingepackten Brokkoli.

Für alle Pilz- und Schwammerlsucher:
Dieses Gemüse schmeckt natürlich auch mit heimischen, selbst gefundenen Pilzen sehr gut.

4 Portionen, Zubereitung ca. 15 Minuten

Pilzige Jungzwiebel

4–5 Bund Jungzwiebeln (Frühlingszwiebeln), Ringe
6–8 EL Olivenöl
500 g Austernpilze, mundgerechte Stücke
4 EL weißer Balsamico
Salz, Pfeffer

Jungwiebeln im Öl scharf anbraten, Pilze beifügen und alles hellbraun rösten. Hitze reduzieren, Gemüse ca. 7 Minuten bei mittlerer Hitze braten – mit Salz, Pfeffer und Essig abschmecken.
Kann warm und kalt gegessen werden.

4 Portionen, Zubereitung ca. 40 Minuten

Zucchini-Gratin

800 g Zucchini, Stifte
1 Bund Jungzwiebeln (Frühlingszwiebeln), Ringe
1 Kartoffel, geraspelt
150 g Schafkäse
200 ml Obers (Sahne)
2 EL Pinienkerne
Salz, Pfeffer, Muskat

Ofen auf 200 °C vorheizen. Gemüse mischen, mit Salz, Pfeffer und Muskat würzen. Käse zerbröseln und mit Obers mischen. Gemüse in eine Auflaufform geben und mit dem Obersmix übergießen. Die Pinienkerne darüberstreuen. Gemüse ca. 30 Minuten backen.

Zucchini sind wesentlich wasserärmer, aber vitamin- und mineralreicher als Gurken. Und dabei sind sie wirklich kalorienarm: 100 g haben gerade 14 Kilokalorien.

August

Eine reife Melanzani hat eine seidig schimmernde, unverletzte Schale, einen festen Stiel und soll auf Fingerdruck leicht nachgeben. Ist die Frucht zu fest: Melanzani reifen bei Raumtemperatur schnell nach.

4 Portionen, Zubereitung ca. 40 Minuten

Überbackene Melanzani

2 mittelgroße Melanzani (Auberginen)
1 Zwiebel, gehackt
2 EL Olivenöl
2 EL Rosinen
3 EL Petersilie, gehackt
40 ml Süßwein
1 EL Weißbrotbrösel
1 EL Parmesan, frisch gerieben
1 Zitrone
Salz, Pfeffer, Öl für die Form

Die Enden der Melanzani abschneiden und die Früchte längs in 4 Scheiben schneiden (Brotschneidemaschine). Scheiben mit einem Löffel so aushöhlen, dass ein Boden bleibt. Scheiben mit Zitronensaft bestreichen. Zwiebel in Öl anrösten, Melanzanifruchtfleisch, Rosinen und Petersilie kurz mitrösten, mit Wein ablöschen und einkochen lassen. Masse abkühlen lassen, dann Brösel und Parmesan untermengen. Melanzanischeiben mit der Masse füllen.
Rohr auf 180 °C vorheizen. Auflaufform mit Öl ausstreichen, Melanzani hineinlegen und im Rohr ca. 20 Minuten backen.
Eine wunderbare Beilage zu allem Gegrillten.

4 Portionen, Zubereitung ca. 40 Minuten

Schnelles Schalottengemüse

12 große Schalotten, geviertelt
150 g Sellerie, feine Scheiben
1 Tomate, Scheiben
2 Lorbeerblätter
150 ml trockener Weißwein
100 ml Hühnersuppe
Salz

Ofen auf 220 °C vorheizen. Schalotten, Sellerie und Tomaten in eine Auflaufform geben. Lorbeerblätter, Wein und Suppe zugeben, salzen. Form mit Alufolie abdecken. Gemüse im Ofen weich garen (ca. 30 Minuten).
Eine herrliche, schnelle Beilage, passt hervorragend zu gegrilltem Fisch.

Schalotten, auch Edelzwiebeln genannt, haben ein feineres, weniger scharfes Aroma als die meisten Zwiebeln. Zum scharfen Anbraten eigenen sie sich nur bedingt, weil sie dadurch sehr leicht bitter und schal werden.

4 Portionen, Zubereitung ca. 45 Minuten, zum Rasten des Teiges 30 Minuten

Tomaten-Tarte-Tatin

200 g glattes Mehl
100 g kalte Butter
800 g reife, aromatische Tomaten, halbiert
3 EL Honig
1–2 EL Rosmarin, geschnitten
3 EL Oliven, entsteint
Salz, Pfeffer, Fett für die Form

Eine Hingucker-Beilage nicht nur für Tomatenfans – diese Art von Gemüsetarte lässt sich auch mit vielen anderen Gemüsearten wunderbar zubereiten.

Mehl mit Butterstücken, einem halben TL Salz und ca. 2 EL eiskaltem Wasser rasch verkneten. Teig in Folie wickeln und mind. 30 Minuten im Kühlschrank ruhen lassen. Honig und Rosmarin kurz erhitzen, Tomaten mit der Schnittfläche nach unten hineinlegen und 5 Minuten köcheln lassen – nicht zudecken! Tomaten in eine gefettete Form legen, Oliven darauf verteilen, salzen und pfeffern.
Ofen auf 180 °C Umluft vorheizen. Teig auf einer bemehlten Fläche ausrollen, über das Gemüse legen, mit einer Gabel mehrmals einstechen und im Ofen goldbraun backen (30–35 Minuten).
Einen Teller auf die Form legen, die Tarte vorsichtig stürzen, salzen, fertig.

4 Portionen, Zubereitung ca. 45 Minuten

Rote-Rüben-Salat

8 Rote Rüben (Rote Bete)
1 Lorbeerblatt
1 TL Kümmel
Salz, Essig, Zucker,
Kren (Meerrettich),
Öl

Rote Rüben gut waschen, dabei die Schale nicht verletzen. Wasser mit Lorbeer, Kümmel, 2 TL Essig, Salz und Zucker würzen, Rüben darin weich kochen (30 bis 40 Minuten). Kurz abkühlen lassen und schälen. Rüben feinblättrig schneiden oder grob reißen, mit Essig, Kren, Salz, Zucker und Öl würzig abschmecken.

Der Glücklichmacher: Ein Folsäureschub durch Rote Rüben stimuliert u. a. die Produktion von Hormonen und Nervenreizstoffen (Dopamin, Noradrenalin), die für unser mentales Wohlbefinden sorgen. Und Neurobiologen haben herausgefunden: Ohne Folsäure sind Glücksgefühl, Optimismus und Euphorie nicht möglich.

4 Portionen, Zubereitung ca. 25 Minuten

Ofenfenchel

3 große Fenchelknollen, in dünneren Scheiben
1–2 Knoblauchzehen, in feinen Scheiben
3 große EL Butter
250 ml trockener Weißwein
Salz, Pfeffer

Fenchel und Knoblauch in eine Gratinform geben, dazwischen Butterflöckchen verteilen. Wein dazugießen, salzen und pfeffern.
Rohr auf 220 °C vorheizen. Ein Stück Backpapier in kaltes Wasser tauchen, mehrmals zusammenknüllen, bis es schön geschmeidig ist. Den Fenchel damit abdecken – die Papierränder unter das Gemüse schieben. Fenchel im Rohr ca. 20 Minuten garen.
Vor dem Servieren mit gehacktem Fenchelgrün würzen. Top-Beilage zu Fleisch und Fisch.

Fenchel hält in einem mit Luft gefüllten, gut verschlossenen Plastikbeutel im Gemüsefach des Kühlschranks bis zu zwei Wochen. In Scheiben geschnitten kann der Fenchel auch sehr gut eingefroren werden.

Essen für die Schönheit: Gurken enthalten eine gehörige Portion Silizium (Kieselsäure), das Haut, Haar und Bindegewebe kräftigt.

4 Portionen, Zubereitung ca. 12 Minuten

Gurkengemüse

1 Zwiebel, grob gewürfelt
2 EL Olivenöl
1 Salatgurke, entkernt, grob gewürfelt
750 ml Gemüsesuppe
250 g Crème fraîche
1 Bund Dille, gehackt
1–2 TL Zucker
Zitronensaft

Zwiebel in Öl anschwitzen, Gurke dazugeben und kurz dünsten. Mit Suppe aufgießen, Crème fraîche, Dille und Zucker verrühren. Hitze reduzieren, Gemüse mit Zitronensaft nach Geschmack verfeinern und ein paar Minuten köcheln lassen.
Passt gut zu Fisch und Kartoffelpüree.

4 Portionen, Zubereitung ca. 30 Minuten

Saftige Tomaten

4 große Tomaten, geviertelt
3–4 El Olivenöl
8 Scheiben Prosciutto
1 Handvoll Rucola- oder Basilikumblätter
Salz, Pfeffer, Oregano

Ofen auf 240 °C vorheizen. Tomaten mit Salz, Pfeffer und Oregano bestreuen und mit der Hautseite nach unten auf ein Blech setzen. Tomaten mit Öl beträufeln und im Ofen 10 bis 15 Minuten braten. Tomaten mit den Schinkenscheiben umwickeln und nochmals für 10 Minuten in den Ofen schieben. Mit Rucola- oder Basilikumblättern garniert servieren. Schmeckt sehr gut zu Fisch und Fleisch aller Art.

Es gibt etwa 6000 verschiedene Tomatensorten – die interessanteste Auswahl hat Paradeiserkaiser Erich Stekovics im österreichischen Frauenkirchen (www.stekovics.at).

4 Portionen, Zubereitung ca. 20 Minuten

Fusilli mit Gemüse

200 g Fusilli
Je 250 g Karotten und Gelbe Rüben, in mundgerechten Stücken
250 g rote Zwiebeln, in Scheiben
2 EL Butter
2 mittlere Kohlblätter, in dünnen Streifen
150 ml Gemüsesuppe
1 Bund Schnittlauch, geschnitten
1 EL Kren, frisch gerissen
Salz, Pfeffer

Fusilli nach Anleitung kochen. Wurzelgemüse und Zwiebel in aufgeschäumter Butter anschwitzen, Kohl untermischen – Suppe zugießen und das Gemüse bissfest köcheln (kosten!). Fusilli unterheben. Gemüsenudeln salzen, pfeffern, mit Kren und Schnittlauch bestreut servieren.

Der Legende nach sollen Fusilli um 1550 in Florenz entstanden sein: Dem Koch des Herzogs war Pastateig auf den Boden gefallen, sein Sohn soll damit gespielt und ihn um ein Holzstäbchen gewickelt haben – die Spiralnudel war geboren.

4 Portionen, Zubereitung ca. 20 Minuten

Kartoffelpüree-Grundrezept

1 kg mehlig kochende Kartoffeln, geschält, in Stücken
Ca. 250 ml Milch
Salz, Muskat

Kartoffeln mit Wasser bedeckt aufkochen und bei geringer Hitze zugedeckt weichkochen (12 bis 15 Minuten). Kartoffeln abseihen, in einer Schüssel mit einem Stampfer (oder der Kartoffelpresse) zerdrücken, heiße Milch nach und nach unterziehen, mit dem Schneebesen oder einem Kochlöffel glatt rühren, nach Geschmack würzen.

Ins Kochwasser immer ein kleines Stück Butter geben, dann kocht es nicht über.

Kartoffelpüree-Variationen

India-Art: Milch mit 1 EL Curry aufkochen. Schmeckt sehr gut zu Geflügel.

Alt-Wiener Art: Statt der Milch Obers (Sahne) oder – vielleicht ein bisschen schlanker – eine Mischung aus Milch und Obers verwenden. Übrigens: Auch mit Sauerrahm (saure Sahne) wird es sehr gut.

Mit Sellerie: Rund ein Viertel der Kartoffeln durch etwa eine halbe Knolle Sellerie ersetzen.

Britisch: Ein Drittel der Kartoffeln durch Pastinaken ersetzen und mit Sauerrahm (saure Sahne) anrühren – für „echte Briten" kann's auch Pastinakenpüree pur sein.

Gesund & grün: Sehr lecker schmeckt das Püree auch, wenn man rund ein Viertel der Kartoffeln durch Brokkoli ersetzt.

Das Kids-Highlight: Ganz besonders wird's mit Apfel und Pinienkernen. Kerne in einer Pfanne anrösten, Apfelstücke zum „Aufwärmen" kurz dazugeben. Beides unter das Püree mischen.

Für Zwiebelfans: Eine klein gewürfelte Zwiebel unter das fertige Püree mischen.

Nicht nur für Schweizer: Geraffelten Käse (Gorgonzola, Emmentaler, Ziegenkäse) unter das fertige Püree mengen – eventuell auch kleine Apfel- und Birnenstücke dazugeben.

Nix für Vampire: Etwa 80 g Knoblauchzehen in 250 ml Obers (Sahne) oder Milch oder halb-halb gemixt weich kochen und abseihen. Knoblauch auspressen und gemeinsam mit dem Obers unter die Kartoffeln rühren.

Das Mönchspüree: Aligot wurde von Mönchen für Pilger auf dem Jakobsweg kreiert. Dabei wird das Püree mit Tomme-Käse (Weichkäse) zu einer zähen Masse verrührt.

Aus dem Thüringer Wald: Zamet wird aus Kartoffeln, Milch und Kartoffelstärke ohne Fett zubereitet und in Thüringen mit Sauerkraut und Rostbratwürsten serviert.

Gratiniert: Das fertige Püree mit 1–2 Dottern vermengen und im sehr heißen Backofen kurz gratinieren.

Mediterrane Variante: Statt Butter Olivenöl verwenden und mit Knoblauch, gehacktem Basilikum und kleinen Tomatenwürfeln vermischen.

Frühjahrsvariation: Eine gute Handvoll Bärlauchblätter mit der Milch pürieren und das Püree damit anrühren.

Wunderbare Steakbeilage: Püree mit Sauerrahm (saure Sahne) anrühren und zum Schluss gegarte Bohnen unterrühren; mit Salz und Pfeffer abschmecken.

Blutzerpüree: Rund ein Drittel der Kartoffeln durch Muskatkürbis ersetzen. Püree mit Obers (Sahne), Butter und geriebenem Raclettekäse anrühren. Mit Salz, Pfeffer und Zitronensaft abschmecken, mit Schnittlauch garnieren.

Mit Rotkraut: Weich gedünstetes Rotkraut pürieren und in das mit Obers (Sahne) angerührte Püree rühren.

Ruck-zuck Gemüseküche

September

4 Portionen, Zubereitung ca. 25 Minuten

Fisolen-Tomaten-Mix

1 Zwiebel, fein gehackt
3 Knoblauchzehen, fein gehackt
1,5 kg Tomaten, enthäutet, entkernt, gewürfelt
3 EL Olivenöl
1 Lorbeerblatt
500 g Fisolen (grüne Bohnen), in ca. 4-cm-Stücken
1 TL gehackte Minzeblätter
Salz, Pfeffer, Oregano, Basilikum oder Bohnenkraut, Minze

Zwiebel im Öl goldgelb rösten. Knoblauch und Tomaten untermischen, mit Salz, Pfeffer, Oregano, Basilikum und Lorbeer würzen und einkochen lassen. Inzwischen Fisolen in Salzwasser bissfest kochen, abseihen, abschrecken und abtropfen lassen.
Fisolen kurz vor Ende der Garzeit unter die Tomaten mischen und ca. 3 Minuten mitkochen. Gemüse abschmecken, Lorbeer entfernen und gehackte Minze unterrühren.
Schmeckt sehr gut zu Tafelspitz und faschiertem Braten.

Fisolen und andere Bohnenarten nie roh essen! Sie enthalten das giftige Proteingemisch Phasin, das Erbrechen, Durchfall und Magen-Darm-Beschwerden auslösen kann. Aber keine Angst: Durch Kochen wird der Stoff vollständig abgebaut.

4 Portionen, Zubereitung ca. 15 Minuten

Karottenpuffer

250 g Karotten, fein geraspelt
1 Stange Lauch, fein nudelig
10 g Butter
250 g gekochter Reis
2 EL glattes Mehl
1 EL Petersilie, gehackt
Salz, Pfeffer, etwas Dinkelmehl, Öl

Karotten und Lauch ca. 5 Minuten in Butter dünsten und zum Reis geben. Mehl, Petersilie, Salz und Pfeffer untermischen und alles zu einer glatten Masse verarbeiten. Mit nassen Händen Laibchen formen, in Dinkelmehl wenden und in heißem Öl braten.

Eine Karotte fein raspeln und mit etwas Honig und Schlagobers verrühren – die Mischung auf dem Gesicht verteilen (Augen aussparen) und eine Viertelstunde einwirken lassen. Das ist das beste Mittel gegen trockene Haut.

Die beste Probe, ob der Mais richtig reif ist: Mit dem Fingernagel einen Kern einritzen, bei frischem Mais spritzt ein wenig weißer Saft heraus.

4 Portionen, Zubereitung ca. 30 Minuten

Maissuppe

4 Maiskolben
200 g Schalotten, klein gewürfelt
Je ein halber TL Curry und Kurkuma
1 l Gemüsesuppe
100 g Sojasprossen
1 EL Petersilie, gehackt
Salz, Pfeffer, etwas Maiskeimöl

Maiskörner von den Kolben schneiden. Schalotten in wenig Öl anschwitzen, Mais zugeben. Topf vom Herd nehmen, Curry und Kurkuma einrühren, kurz mitrösten. Suppe zugießen, Gemüse bei mittlerer Hitze ca. 20 Minuten köcheln lassen – mit einem Stabmixer pürieren und nach Geschmack würzen. Sprossen heiß abspülen, gut abtropfen lassen und kurz in heißem Öl anrösten, salzen und pfeffern. Suppe mit den Sprossen und Petersilie garniert servieren.

Fisolen liefern viel Pantothensäure, die ein hochwirksames Anti-Stress-Mittel ist. Außerdem aktiviert das kalorienarme Gemüse (100 g haben nur 35 Kilokalorien) die Leberfunktion und beeinflusst so den Cholesterinspiegel positiv.

4 Portionen, Zubereitung ca. 35 Minuten

Schnelle Bohnen

1 kg Fisolen (grüne Bohnen), die großen einmal brechen
1 Handvoll Bohnenkraut
1 EL Butter
1 EL Petersilie, gehackt
Salz, Pfeffer

Ca. 250 ml Wasser mit Salz und Bohnenkraut aufkochen. Fisolen zugeben und bei mittlerer Hitze bissfest köcheln lassen, abseihen. Bohnenkraut herausnehmen, Butter untermengen. Gemüse nach Geschmack würzen und mit Petersilie bestreut servieren.

Statt Butter oder Butterschmalz kann auch Ghee verwendet werden. Die geklärte Butter kommt aus der indischen Küche und ist wesentlich haltbarer als Butter. Die Ayurveden schwören darauf. Ghee gibt's im Reformhaus.

4 Portionen, Zubereitung ca. 20 Minuten

Glasiertes Wurzelgemüse

Je 400 g Pastinaken und Knollensellerie, geschält, gewürfelt
2 EL Butterschmalz
3 EL Ahornsirup
100 ml Birnen- oder Apfelsaft
100 ml Gemüsesuppe
1 Lorbeerblatt
1 TL getrockneter Majoran
1 Bund Petersilie, gehackt
Salz, Pfeffer

Gemüse unter Rühren im heißen Schmalz etwa 5 Minuten braten. Sirup darübergießen und gut schwenken. Saft, Suppe, Lorbeer und Majoran dazugeben und weitere 6–8 Minuten dünsten – dabei häufig wenden, damit das Gemüse immer mit Sud überzogen ist und dicklich einkocht. Petersilie untermischen, salzen, pfeffern – fertig.

4 Portionen, Zubereitung ca. 25 Minuten

Hirsesuppe mit Brokkoli

7 EL Hirse
2 Karotten, klein geschnitten
Eine Viertel Sellerieknolle, gewürfelt
1 Petersilienwurzel, gewürfelt
1,25 l Wasser
1 Handvoll Liebstöckel, gehackt
1 Suppenwürfel
100 g Brokkoli, in Röschen

Hirse kalt abspülen und abtropfen lassen. Mit dem Wurzelgemüse ohne Fett im Topf leicht anbräunen, mit Wasser aufgießen. Liebstöckel hinzufügen, Suppenwürfel einbröseln und alles rund 20 Minuten köcheln lassen. Brokkoli zugeben, Suppe noch 10 Minuten köcheln lassen.

Diese Suppe lässt sich beliebig variieren: Auch Dinkel, Weizen & Co. schmecken und beim Gemüse ist ebenfalls alles erlaubt. Ist einmal kein Gemüse da, dann wird's eben die Suppe meiner Oma: Getreide anrösten, mit Suppenwürfel und Wasser auf- und weichkochen, zum Schluss ein Ei einrühren und stocken lassen.

4 Portionen, Zubereitung ca. 25 Minuten

Käsetomaten

1 kg Tomaten, in Scheiben
400 g Schafkäse, zerkleinert
2 Zwiebeln, fein gewürfelt
2 Knoblauchzehen, gepresst
Je 1 Handvoll frischer Thymian und Basilikum, gehackt
Olivenöl

Ofen auf 200 °C Oberhitze vorheizen. Tomaten in eine gefettete Auflaufform legen, Käse, Zwiebel und Knoblauch darüber verteilen – zum Schluss mit Olivenöl beträufeln. Gemüse ca. 15 Minuten backen, mit den Kräutern bestreuen und noch ein paar Minuten im ausgeschalteten, aber heißen Rohr stehen lassen.
Eine herrliche Beilage zu gegrilltem Huhn oder Fisch.

Eine Studie der Berliner Charité hat gezeigt, dass das in Tomaten enthaltene Lykopin die Haut von innen vor Sonne schützt. So soll man, wenn man täglich einen Esslöffel Tomatenmark isst, einen Sonnenschutz von etwa LSF 4 erreichen.

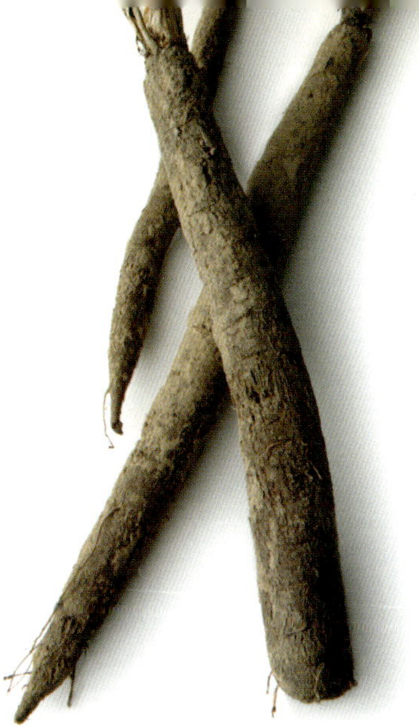

4 Portionen, Zubereitung ca. 20 Minuten

Schwarzwurzel-Obersgemüse

400 g Schwarzwurzeln, geschält
Saft von 1 Zitrone
100 ml Milch
100 ml Weißwein
120 ml Obers (Sahne)
1 Handvoll frischer Spinat
Salz, Pfeffer, Muskat

Schwarzwurzeln mit Zitronensaft bestreichen und kurz in Milch einlegen. Nach ein paar Minuten herausnehmen und mit 100 ml Wasser, Wein und Salz ca. 8 Minuten weich kochen. Wurzeln herausheben. Kochwasser mit Obers verrühren, die Soße auf ein Drittel einkochen lassen.
Spinat kurz blanchieren und kurz vor Ende der Garzeit in die Soße geben. Schwarzwurzeln in grobe Stücke schneiden und auch in die Soße geben – mit Salz, Pfeffer und Muskat abschmecken.
Eine gesunde Beilage zu gegrilltem Lachsfilet.

Wegen der Ähnlichkeit zum Spargel werden Schwarzwurzeln auch Winterspargel oder Spargel des armen Mannes genannt. Verwandt sind die Wurzeln allerdings nicht mit dem Spargel, sondern gehören zur Familie von Löwenzahn und Huflattich.

Manch dickes Knie wurde schon mit Kraut „geheilt“: Einige Blätter mit dem Nudelholz walken, bis Saft austritt und dann über die schmerzende Stelle legen. Einen Versuch ist es auf jeden Fall wert.

4 Portionen, Zubereitung ca. 25 Minuten

Krautsuppe

Ein Viertel Weißkrautkopf, Strunk entfernt
2 kleine Schalotten, fein geschnitten
250 g Sauerkraut
1 Apfel, gerieben
500 ml Rindssuppe
Etwas Obers (Sahne)
Etwas Sauerrahm (saure Sahne)
1 Schuss Apfel-Balsamessig
Salz, Pfeffer, Kümmel,
Öl zum Anbraten

Kraut klein schneiden und mit den Schalotten in Öl anrösten. Sauerkraut zugeben, mit Salz, Pfeffer und Kümmel würzen. Apfel zugeben, mit Suppe aufgießen und kochen lassen. Wenn das Kraut weich ist, mixen, eventuell passieren und mit Obers, Sauerrahm und Apfel-Balsamessig abschmecken.

4 Portionen, Zubereitung ca. 55 Minuten

Maisauflauf

3 rote Paprika, entkernt, gewürfelt
300 g Zucchini, gewürfelt
1 Zwiebel, grob gehackt
300 g Maiskörner, frisch oder aus der Dose
3 EL Olivenöl
250 g Langkornreis, gekocht
4 Eier
500 ml Milch
Ein Viertel TL Chilipulver
200 g Gouda, gerieben
Salz, Pfeffer, Butter für die Form

Reis in eine gebutterte Auflaufform geben, Gemüse darauf verteilen. Eier und Milch verquirlen, mit Salz, Pfeffer und Chili kräftig würzen und über das Gemüse gießen. Käse darüberstreuen. Gemüse im Ofen ca. 45 Minuten backen.

Die Indianer sollen fast 2000 verschiedene Maisvariationen gezüchtet haben, in vielen bunten Farben und Formen. Manche Sorten gediehen im tropischen Wüstenklima, andere auf 4000 Höhenmeter in den Anden – eigentlich traurig, was heute davon geblieben ist.

Ruck-zuck Gemüseküche

Oktober

4 Portionen, Zubereitung ca. 25 Minuten

Pastinaken-Pasta

2 Chilischoten, fein gehackt
8 EL Olivenöl
300 g Lauch, in dünnen Ringen
800 g Pastinaken, mit dem Sparschäler in dünne Streifen schneiden
300 ml Gemüsesuppe
400 g Tortiglioni (oder andere Pasta)
Ein halber Bund Petersilie
Salz, Pfeffer, Zucker

Chili mit Olivenöl mischen, 1 EL davon in einer Pfanne erhitzen, das Gemüse darin bei mittlerer Hitze rund 5 Minuten kräftig braten – mit Salz, Pfeffer und einer Prise Zucker würzen. Mit Suppe ablöschen und bei milder Hitze rund 15 Minuten zugedeckt garen. Tortiglioni al dente garen, kurz abtropfen lassen und mit dem Gemüse mischen. Mit Petersilienblättchen und restlichem Chiliöl garniert servieren.

Pastinaken helfen bei Magen- und Darmbeschwerden, regen die Verdauung an, erleichtern die Atmung und stimulieren das Nervensystem.

4 Portionen, Zubereitung ca. 35 Minuten

Ofenkohlrabi

6 Kohlrabi, geschält
125 g Hamburger Speck, gewürfelt
30 g Butter
250 g Zwiebeln, klein gewürfelt
200 g Sauerrahm (saure Sahne)
Salz, Pfeffer,
evtl. Zitronensaft

Kohlrabi ca. 8 Minuten in Salzwasser kochen. Speckwürfel in Butter knusprig auslassen, Zwiebeln zugeben und mitrösten. Ofen auf 220 °C vorheizen. Kohlrabi quer halbieren und mit der Schnittfläche nach unten in eine Bratenpfanne setzen. Speck-Zwiebelmix darüber verteilen. Kohlrabi ca. 30 Minuten im Rohr garen. Rahm mit Pfeffer, Salz und eventuell ein wenig Zitronensaft nach Geschmack würzen und als Dip zu den Kohlrabis reichen.

Schon 150 g Kohlrabi decken den Tagesbedarf an Vitamin C, allerdings ist der Vitamingehalt in den Blättern zwei- bis dreimal so hoch wie in der Knolle. Deshalb die zarten Blätter möglichst immer fein gehackt über das fertige Gericht streuen.

4 Portionen, Zubereitung ca. 15 Minuten

Fenchel mit Radicchio

500 g Fenchelknollen
500 g Radicchio
6 EL Olivenöl
2 EL Balsamico
1 TL Zucker
Salz, Pfeffer, 1 Zitrone

Fenchelgrün abschneiden und fein hacken.
Radicchio und Fenchel in je acht Spalten schneiden, dabei darauf achten, dass die Blätter bzw. Schichten zusammenhalten.
In einer großen Pfanne 2 EL Öl erhitzen, den Fenchel bei mittlerer Hitze etwa 10 Minuten braten. Radicchio dazugeben, Gemüse noch ca. 3 Minuten braten, bis es bissfest ist. Salzen, pfeffern und auf einer Platte anrichten. Das restliche Öl mit Essig, Salz, Pfeffer und Zucker gut verquirlen und über das Gemüse träufeln, mit Zitronenachteln servieren. Die beste Beilage: knuspriges Weißbrot oder Rosmarinkartoffeln.

Die Zichorienart Radicchio ist dank der Bitterstoffe, die in den Blattrippen sitzen, sehr gesund, kurbeln sie doch die Produktion der Gallensäfte, den Stoffwechsel und die Verdauung ordentlich an.

Topinambur ist der ideale Kartoffelersatz für Diabetiker. Sie enthalten viel Inulin, das als Nieren- und Gallenreiniger gilt. Und übrigens: Naturärzte empfehlen Topinambur zu essen, wenn ein Schnupfen heraufzieht.

4 Portionen, Zubereitung ca. 40 Minuten

Topinambursuppe

1 Zwiebel, gehackt
2 EL Butter
500 g Topinambur, geschält, klein gewürfelt
250 g Kartoffeln, geschält, gewürfelt
1 Handvoll frischer Thymian
1 l Gemüsesuppe
150 g Mascarpone
200 g Nüsse, z. B. Haselnüsse, geröstet, grob gehackt

Zwiebel in einem großen Topf in Butter anschwitzen. Gemüse und Thymian darin vorsichtig anschwitzen. Suppe zugießen und köcheln lassen, bis das Gemüse weich ist (ca. 30 Minuten).

Suppe pürieren, nochmals kurz erhitzen, mit Mascarpone verrühren, mit Salz und Pfeffer abschmecken, mit Nüssen bestreut servieren.

Kürbiskerne, das steirische Viagra, sind dank der enthaltenen Phytosterine für die Männer-Gesundheit sehr nützlich. Aber auch Frauen profitieren von den übrigen gesunden Inhaltsstoffen.

4 Portionen, Zubereitung ca. 15 Minuten

Kürbisnudeln mit Kürbiskern-Pesto

400 g Muskatkürbis, geschält, entkernt
2 Zucchini
1 Stange Lauch
2 EL Butter
40 ml Weißwein
500 g Pappardelle (breite Bandnudeln)

Pesto:

60 g Kürbiskerne, fein gerieben
30 g frisch geriebener Parmesan
100 ml Kürbiskernöl
Salz, Pfeffer

Für das Pesto Kerne, Parmesan und Öl mischen, mit Salz und Pfeffer abschmecken.
Kürbis und Zucchini mit dem Sparschäler in dünnen Streifen abheben. Lauch in Streifen schneiden.
Gemüse in Butter anschwitzen, mit Wein aufgießen und bissfest dünsten.
Pappardelle nach Anleitung al dente kochen, abseihen und mit Gemüse vermischen – mit Pesto garniert servieren.

4 Portionen, Zubereitung ca. 5 Minuten

Bratpastinaken

800 g Pastinaken, geschält, in dünnen Scheiben
2–3 EL Öl
Salz

Öl in einer beschichteten Pfanne erhitzen und die Pastinaken darin knusprig anrösten – ähnlich wie Bratkartoffeln.

Ein perfektes Pastinakenexemplar ist zirka 20 cm lang und wiegt 300 g, von größeren und älteren Wurzeln sollte man die Finger lassen, diese sind meist holzig und damit nicht wirklich ein Genuss.

4 Portionen, Zubereitung ca. 25 Minuten

Klassische Kürbissuppe

800 g Hokkaidokürbis, entkernt, in kleinen Stücken
2 Zwiebeln, gewürfelt
40 g Butter
2 EL heller Balsamico
1 l Gemüsesuppe
200 ml Obers (Sahne)
4 EL Sauerrahm (saure Sahne)
Salz, Pfeffer, Muskat,
etwa Kürbiskernöl

Kürbis und Zwiebeln in Butter anschwitzen, bis der Kürbis leicht gebräunt ist. Mit Balsamico ablöschen, mit Suppe aufgießen und rund 15 Minuten köcheln lassen, bis der Kürbis weich ist.
Obers unterrühren, Suppe mit dem Stabmixer pürieren. Mit Salz, Pfeffer und einer Prise Muskat abschmecken. Mit Sauerrahm und Kürbiskernöl garniert servieren.

Aus Hokkaidos werden die klassischen Kürbisgesichter geschnitzt. Einfach eine Kappe abschneiden, mit einem Löffel die Kerne heraus schaben und dann mit Löffel und Messer das Fleisch für die Suppe herausschneiden – es lässt sich übrigens auch einfrieren.

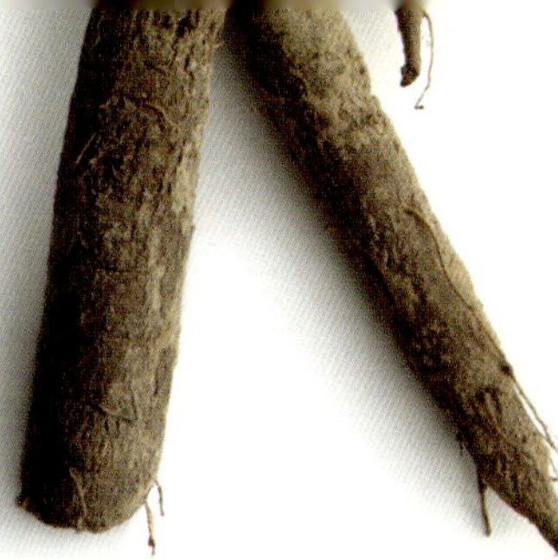

4 Portionen, Zubereitung ca. 25 Minuten

Schwarzwurzel-Orangensuppe

2 EL Butter
1 Knoblauchzehe, klein gewürfelt
2 Schalotten, klein gewürfelt
4 große Schwarzwurzeln, geschält, in feinen Scheiben
1 kleine Orange, geschält
400 ml Gemüsesuppe
250 ml Obers (Sahne)
1 EL Crème fraîche
Salz, Pfeffer

Butter erhitzen, Knoblauch und Schalotten darin anschwitzen, Wurzeln und grob würfelig geschnittene Orange dazugeben – mit Suppe aufgießen. Obers und Crème fraîche einrühren und ca. 15 Minuten köcheln lassen.
Suppe im Mixer pürieren – mit Salz und Pfeffer abschmecken. Am besten mit gerösteten Weißbrotwürfeln garniert servieren.

Damit der klebrige Milchsaft der Schwarzwurzeln nicht die Finger färbt, trägt man beim Schälen am besten Latex-Handschuhe. Oder man schält die Wurzeln unter fließendem Wasser.

In manchen Regionen galten Krautfleckerln als Süßspeise und wurden mit viel Staubzucker bestreut gegessen. Das ist aber nicht jedermanns Sache. Wir essen sie lieber pikant mit einem Klecks Sauerrahm oder mit Parmesan bestreut.

4 Portionen, Zubereitung ca. 35 Minuten

Omas Krautfleckerln

- 250 g Fleckerln (quadratische Nudeln)
- 2 EL Rapsöl
- 30 g Kristallzucker
- 180 g Zwiebeln, in feinen Streifen
- 2 EL Essig
- 800 g Weißkraut, in feinen Streifen
- Salz, Pfeffer, Kümmel

Zucker im erhitzten Öl leicht karamellisieren, Zwiebeln dazugeben und hell anrösten, mit Essig ablöschen. Kraut zugeben, mit Salz, Pfeffer und Kümmel würzen und dünsten, bis das Kraut leicht braun ist (ca. 30 Minuten); bei Bedarf etwas Wasser zugeben. Inzwischen Fleckerln kernig kochen, abseihen und kalt abschrecken. Kraut unter die Fleckerln mischen und nochmals leicht erhitzen.

4 Portionen, Zubereitung ca. 15 Minuten

Zucchini-Mohnlaibchen

250 g Zucchini,
geschält, grob geraspelt
1 große Kartoffel,
geschält, grob geraspelt
100 g Weizenvollkornmehl
50 g gemahlener Mohn
2 EL Sojamehl
Salz, Kümmel, Cayennepfeffer,
Semmelbrösel,
Öl zum Braten

Zucchini und Kartoffel mit Mehl und Mohn mischen. Sojamehl mit ca. 125 ml Wasser anrühren und ebenfalls daruntermischen. Mit Pfeffer, Salz und Kümmel würzen. Aus der Masse Laibchen formen und in den Bröseln wenden. Öl in einer Pfanne erhitzen und die Laibchen darin beidseitig braten.
Dazu passt ein Sauerrahm-Dip und Rote-Rüben-Salat.

In der Antike glaubte man, dass Mohn aus den Tränen der Aphrodite gewachsen sei, als sie um Adonis trauerte. Bis heute gilt Mohn dank des enthaltenen Papaverins als Aphrodisiakum, das Fruchtbarkeit und Potenz steigert.

Ruck-zuck Gemüseküche

November

4 Portionen, Zubereitung ca. 25 Minuten

Rettich-Wirsing-Gemüse

600 g Kohl (Wirsing), in feinen Streifen
2 kleine Zwiebeln, gehackt
2 Knoblauchzehen, gehackt
50 g Butter
1 großer Rettich, in feinen Streifen
300 ml Gemüsesuppe
4 EL Senf
100 ml Obers (Sahne)
Salz, Pfeffer, Muskat

Kohl ca. 3 Minuten im Salzwasser blanchieren, abgießen und abschrecken. Zwiebeln und Knoblauch in Butter glasig dünsten, gut ausgedrückten Kohl zugeben und alles andünsten. Nach ca. 3 Minuten Suppe mit Senf verrühren und gemeinsam mit dem Obers über das Gemüse gießen. Gemüse ca. 10 Minuten einkochen lassen, rund 2 Minuten vor Ende der Garzeit die Rettichstreifen unterheben. Gemüse mit Pfeffer, Salz und Muskat abschmecken. Passt wunderbar zu gegrilltem Biokarpfen und Petersilienkartoffeln.

Achtung beim Fisch-Einkauf: Mittlerweile sind so gut wie alle der beliebtesten Meeresfische akut gefährdet, so Greenpeace. Mit gutem Gewissen gegessen werden können Fische aus der Region, beispielsweise Biokarpfen, da sich dieser Friedfisch überwiegend vegetarisch ernährt und seine Aufzucht daher nicht so belastend für die Umwelt ist. Und: Er schmeckt wirklich gut!

4 Portionen, Zubereitung ca. 60 Minuten

Paprika-Couscous

200 g Couscous
70 g Schalotten, gehackt
30 g Ingwer, geschält, gehackt
1 Knoblauchzehe, gehackt
8 EL Olivenöl
Je 1 roter, grüner und gelber Paprika, entkernt, mit dem Sparschäler geschält, gewürfelt
5 EL Balsamico
100 ml Gemüsesuppe
3 EL Pinienkerne
2 EL frische Minze, gehackt
Chilipulver
Ein halber TL Zimt
Salz, Pfeffer

Pinienkerne ohne Fett hellbraun rösten.
250 ml Salzwasser aufkochen, Couscous damit übergießen und 5 Minuten quellen lassen.
Schalotten, Ingwer und Knoblauch in 3 EL vom Öl glasig anschwitzen, Paprika kurz mitbraten, mit Essig und Suppe aufgießen.
Warmen Couscous mit Paprikamix, 5 EL Öl, Pinienkernen und Minze vermengen, mit Salz, Pfeffer, Chili und Zimt abschmecken.
Eine besondere Beilage z. B. zu Roastbeef.

Dem ungarischen Chemiker Albert Szent-Györgyi gelang es erstmals Vitamin C aus Paprika in größerer Menge zu isolieren – 1937 bekam er dafür den Medizin-Nobelpreis.

Kohlsprossen – und auch alle anderen Kohl-Verwandten – gehören zu den sogenannten Östrogenreglern. Das heißt beim Dünsten werden quasi Östrogenhemmer frei, die der Fetteinlagerung entgegenhalten.

4 Portionen, Zubereitung ca. 15 Minuten

Schnelles Kohlsprossen-Gemüse

150 g Kohlsprossen (Rosenkohl), geputzt, Strunk eingeschnitten
2 EL Butter
Salz, Pfeffer

Kohlsprossen in Salzwasser bissfest kochen, abschrecken und gut abtropfen lassen. Butter aufschäumen, Kohlsprossen zugeben, nach Geschmack würzen. Passt zu Fleischgerichten aller Art.

4 Portionen, Zubereitung ca. 40 Minuten

Maronisamtsuppe

1 kg Maroni (Esskastanien)
3 Schalotten, klein gehackt
500 ml Rindsuppe
250 ml Obers (Sahne)
1 EL Sauerrahm (saure Sahne)
Salz, Pfeffer, Cayennepfeffer,
Zitronensaft, Olivenöl

Maroni einschneiden, etwa 20 Minuten bei 200 °C im Backrohr braten, schälen.
Schalotten und Maroni in Öl anschwitzen. Mit Suppe aufgießen und weich kochen. Obers und Rahm zugeben, mit einem Stabmixer fein pürieren und durch ein feines Sieb passieren. Suppe mit Salz, Pfeffer, Cayenne und Zitronensaft abschmecken. Vor dem Servieren noch einmal aufmixen.

Maroni sorgen für gute Laune: Sie sind leicht verdaulich und enthalten die Aminosäure Tryptophan, aus der der Körper das Glückshormon Serotonin bastelt.

4 Portionen, Zubereitung ca. 35 Minuten

Kohl in Rahmsoße

200 g Räucherspeck,
würfelig geschnitten
1 kg Kohl (Wirsing),
in breiten Streifen
100 ml Gemüsesuppe
125 g Crème fraîche
Salz, Pfeffer, Muskat,
etwas Butter oder Öl

Speck glasig anbraten, die Kohlstreifen zugeben und andünsten. Nach Geschmack würzen und mit Suppe aufgießen. Crème fraîche unterrühren, aufkochen und ca. 20 Minuten zugedeckt garen.
Deckel abnehmen und falls nötig, die Flüssigkeit noch etwas einkochen lassen.

Wenn man Sauerrahm statt Crème fraîche verwendet, den erst zum Schluss unterrühren (flockt aus, wenn man ihn mitkocht!).

4 Portionen, Zubereitung ca. 20 Minuten

Schwarzwurzeln mit Apfelsoße

1 kg Schwarzwurzeln
2 Äpfel, grob geraspelt
1 Paprika, fein gewürfelt
300 ml Gemüsesuppe
40 g Butter
100 ml Obers (Sahne)
Salz, Zitronensaft

Schwarzwurzeln waschen und ca. 30 Minuten in Wasser mit Zitronensaft weich kochen. Äpfel und Paprika 5 Minuten in der Suppe kochen, Butter einrühren, Soße pürieren. Obers einrühren. Soße mit Salz würzen. Schwarzwurzeln schälen (Schale durch sanftes Drehen lockern und abziehen) und mit der Soße anrichten. Dazu passt Polenta oder Salzkartoffeln.

Wer regelmäßig Schwarzwurzeln isst, kann sich besser konzentrieren und ist weniger vergesslich – das behauptet die Volksmedizin.

4 Portionen, Zubereitung ca. 15 Minuten

Lauchgemüse

50 g Butter
3 Knoblauchzehen, fein geschnitten
4 Stangen Lauch, in ca. 1 cm dicken Scheiben
Ein halber Bund Petersilie, grob gehackt
Salz, Pfeffer

Butter in einem weiten Topf bei mittlerer Hitze aufschäumen lassen, Knoblauch darin farblos andünsten. Lauch zugeben und 1 Minute weiterdünsten, dabei behutsam rühren. Mit Salz und Pfeffer abschmecken, Kerbel untermengen. Schnelle Beilage zu Fleisch und Fisch aller Art.

Lauch von Grün nach Weiß längs auf-, aber nicht durchschneiden. So lässt sich der Sand zwischen den Lauchschichten leichter ausspülen. Dadurch, dass die Schichten noch zusammenhängen, kann man den Lauch gut in Ringe schneiden.

4 Portionen, Zubereitung ca. 15 Minuten

Apfelrösti

6 mittelgroße Kartoffeln, geschält, grob geraspelt
3 Äpfel, geschält, grob geraspelt
3 Eier
1 Zwiebel, gehackt
Salz, Pfeffer, Muskat, Olivenöl

Kartoffeln und Äpfel mit Eiern, Zwiebel, Salz, Pfeffer und Muskat vermischen und kurz kühl stellen. Kleine Laibchen formen und in Olivenöl goldbraun ausbacken.

Die Röstis gehen schnell, gelingen immer und sind ein vor allem bei Kindern beliebtes Essen. Statt der Äpfel kann man die Röstis mit allerlei Obst und Gemüse variieren.

4 Portionen, Zubereitung ca. 20 Minuten

Chicorée-Orangen-Suppe

Eine halbe Zwiebel, fein gehackt
30 g Butter
150 g Chicorée, in kleinen Stücken
150 g Karotten, grob geraspelt
60 ml Weißwein
250 ml Gemüsesuppe
250 ml Orangensaft
60 g Crème fraîche
100 g Mangold, in Streifen
2 EL dunkler Sesam
Salz, Pfeffer

Zwiebel in Butter anschwitzen, Chicorée und Karotten zugeben, mitrösten und mit Wein ablöschen. Suppe und Saft zugießen, Crème fraîche einrühren und 10 Minuten köcheln lassen.
Suppe mit dem Stabmixer fein pürieren, Mangold zugeben und nochmals 1 Minute kochen lassen. Suppe evtl. salzen und pfeffern und mit Sesam bestreut servieren.

1845 „züchtete" der Botaniker Brézier, Obergärtner des Botanischen Gartens in Brüssel, durch Zufall die ersten Chicoree: Er lagerte im Keller Zichorienwurzeln als Kaffeeersatz – sie trieben aus, der neugierige Gärtner kostete …

Steckrüben waren zu Kriegszeiten oft die letzte Rettung und wurden „Arbeiterananas" genannt. Später sind sie fast gänzlich in Vergessenheit geraten. Dank „Back to the Roots"-Einflüssen sind Steckrüben jetzt aber wieder salonfähig.

4 Portionen, Zubereitung ca. 60 Minuten

Rübeneintopf

1 Zwiebel, gewürfelt
3 EL Butter
3 Karotten, in Scheiben geschnitten
1 Prise Zucker
500 g Steckrüben oder Kohlrabi, gewürfelt
2 EL Apfelessig
1,5 l Gemüsesuppe
250 g Kohl (Wirsing), mundgerechte Stücke
80 g Gerstengraupen
80 g Speck, gewürfelt
1 EL Pflanzenöl
1 Bund Petersilie, gehackt
Salz, Pfeffer, Muskat

Zwiebel in 2 EL von der Butter glasig dünsten, Karotten zugeben und 1 Minute mitbraten. Mit Zucker bestreuen und unter Rühren 1 Minute karamellisieren. Rüben 2 Minuten mitbraten, mit Essig und Suppe ablöschen, aufkochen. Kohl zugeben und bei schwacher Hitze ca. 40 Minuten offen köcheln lassen. Inzwischen die Graupen nach Anleitung weich garen, danach kalt abschrecken. Speck in Öl knusprig braten (ca. 5 Minuten) und auf Küchenkrepp abtropfen lassen. Graupen in die Suppe rühren und kurz erwärmen, mit Salz, Pfeffer und Muskat abschmecken, Petersilie und Speck einrühren.

Ruck-zuck
Gemüseküche

Dezember

4 Portionen, Zubereitung ca. 50 Minuten

Rote-Rüben-Gemüse

800 g Rote Rüben (Rote Bete)
100 g Speck, gewürfelt
2 EL Butter
3 EL Kren (Meerrettich), gerieben
125 g Obers (Sahne)
1–2 EL Balsamico oder Rotweinessig
Salz, Pfeffer

Rüben 30 Minuten im Schnellkochtopf garen, im geschlossenen Topf abkühlen lassen (warten, bis das Ventil abgesunken ist). Oder Rüben in Salzwasser weich kochen. Rüben auskühlen lassen, schälen und in mundgerechte Stücke schneiden. Speck in Butter anbraten, Rüben zugeben und bei mittlerer Hitze einkochen – dabei gelegentlich umrühren. Kren und Obers untermischen und nochmals kurz aufkochen lassen. Mit Essig, Salz und Pfeffer abschmecken. Passt wunderbar zu Rindfleisch oder Fisch.

Die chinesische Medizin benutzt die Rote Rübe zur Herzstärkung, zur Dämpfung eines übererregten Gemütes, zur Verbesserung des Blutes und gegen Trägheit der Leber.

4 Portionen, Zubereitung ca. 20 Minuten

Gratinierte Karotten

1 kg Karotten, in dünnen Scheiben
80 g Butter
200 g Schinken, in schmalen Streifen
6 Salbeiblätter, in Streifen
4 Eier
4 EL Weißbrotbrösel
120 g geriebener Parmesan
Salz, Pfeffer, Zucker

Karotten mit 1 Prise Zucker bestreuen und in der Hälfte der Butter ca. 6 Minuten zugedeckt dünsten lassen – salzen und pfeffern.
Salbei und Schinken untermengen, Karotten in eine gebutterte feuerfeste Form füllen (besser eine kleine Form pro Person). Eier, Brösel und Parmesan verquirlen, darüber verteilen und im vorgeheizten Rohr bei starker Oberhitze etwa 5 Minuten überbacken

Die gesunden Flavonoide, die den Karotten ihre leuchtende Farbe schenken, sitzen in oder direkt unter der Schale – deshalb möglichst wenig schälen, besser nur sauber bürsten oder schrappen.

4 Portionen, Zubereitung ca. 20 Minuten

Waldorfsalat

500 g Sellerieknolle, in feinen Streifen
500 g Äpfel, entkernt, in feinen Streifen
200 g Walnüsse, gehackt
200 g Mayonnaise
4 EL Zitronensaft
8 EL Obers (Sahne)
Salz

Mayonnaise mit Zitronensaft abschmecken, Obers schlagen und unterheben. Die übrigen Zutaten mit der Soße vermengen. Salat vor dem Servieren 2 Stunden kühl stellen.

Der Waldorfsalat wurde Ende des 19. Jahrhunderts im New Yorker Hotel Waldorf, dem Vorläufer des heutigen Waldorf-Astoria, kreiert. Der damalige Maître d'hotel, Oscar Tschirky, behauptete, der Erfinder zu sein, was aber umstritten ist.

4 Portionen, Zubereitung ca. 40 Minuten

Petersilienwurzel-Püree

400 g Petersilienwurzeln, geschält, in 1 cm dicken Scheiben
6 EL Olivenöl
120 ml Obers (Sahne)
1 Bund glatte Petersilie
Salz, Muskat

3 EL vom Öl erhitzen und die Wurzeln darin anschwitzen, Obers dazugeben, salzen und ca. 30 Minuten leicht köcheln lassen.
Petersilienblätter mit dem restlichen Öl fein pürieren. Wurzeln mit dem Stabmixer pürieren – das Petersilienöl unterziehen und mit Salz und Pfeffer abschmecken.
Passt gut zu allen Fleischspeisen

Petersilie gilt seit jeher als Kraftspender. Herkules legte sich einen Petersilienkranz auf das Haar, und die römischen Gladiatoren aßen sie vor jedem Kampf, um ihren Mut zu verdoppeln. Außerdem sollen Wurzel- und Blattpetersilie durch den hohen Gehalt an ätherischen Ölen berauschend wirken und erotische Phantasien wecken.

4 Portionen, Zubereitung ca. 35 Minuten

Kürbisschnitzel

1 mittelgroßer Speisekürbis, geschält, entkernt, in Stücken
1 Handvoll Kürbiskerne, gehackt
1 Handvoll Cornflakes, zerstoßen
Glattes Mehl
2 Eier
Salz, Öl zum Frittieren

Kürbiskerne und Cornflakes mischen. Kürbisstücke in Mehl wenden, durch verquirltes Ei ziehen und in der Kürbiskern-Cornflakes-Mischung wenden. Schnitzel in Öl schwimmend knusprig goldgelb backen, herausnehmen, auf Küchenkrepp abtropfen lassen und erst dann salzen.
Dazu passt ein Sauerrahm-Dip mit Zitronensaft und Kräutern.

Der Kürbis ist – erstaunlich, aber wahr – botanisch eine Beere und zählt zu den Kürbisgewächsen. Kürbisse können bis zu 100 kg schwer werden – somit ist der Kürbis die größte Beere der Welt!

4 Portionen, Zubereitung ca. 15 Minuten

Artischockengemüse

6 Baby-Artischocken, in Scheiben
Saft von 1 Zitrone
Olivenöl
1 Schalotte, fein geschnitten
Ein paar schwarze Oliven
4–8 Stück junger Lauch,
in dünnen Ringen, blanchiert
Salz

Artischocken mit Zitronensaft einreiben und in etwas Öl anbraten. Schalotte kurz mitrösten, zum Schluss die Oliven und den Lauch untermischen – da sich die Garzeit von Artischocken nach Größe und Alter richtet ist Kosten die beste Möglichkeit, den richtigen Garzustand zu erwischen. Mit Salz nach Geschmack würzen.

Einige innovative Bauern ziehen mittlerweile auch hierzulande sehr gute Artischocken-Sorten – somit ist sie durchaus auch klimafreundlich.

4 Portionen, Zubereitung ca. 30 Minuten

Linsengemüse

2 EL Butter, 2 Schalotten, gewürfelt
150 g Linsen (Rote Linsen, gelbe Linsen, braune Linsen, Berglinsen, Pantelleria-Linsen etc.)
500 ml Gemüsesuppe
2 EL Minze und Koriander, gehackt
Salz, Pfeffer, gemahlener Kümmel

Schalotten in 1 EL Butter glasig anschwitzen, Linsen zugeben, Suppe zugießen – Linsen bissfest garen (je nach Sorte ca. 20–30 Minuten). Übrige Butter einrühren, mit Salz, Pfeffer und Kümmel würzen, die Kräuter einrühren.
Passt zu allen Fleischgerichten.

Neben ihrem hohen Eisengehalt (gut für die roten Blutkörperchen und gegen Anämie) enthalten Linsen viel Lecithin für die Gehirnzellen – der französische Naturarzt Jean Valnet empfiehlt Linsen daher „allen Intellektuellen, Schulkindern und Studenten".

4 Portionen, Zubereitung ca. 15 Minuten

Knoblauch-Spaghetti

400 g Spaghetti
6 Scheiben Toastbrot
10 EL Olivenöl
3 rote Chilischoten, entkernt, in feinen Streifen
8–10 Knoblauchzehen, fein gehackt
Salz

Spaghetti al dente kochen.
Inzwischen Toast grob zerbröseln und in Öl unter ständigem Rühren knusprig braten. Chili und Knoblauch zugeben und kurz mitbraten. Mit Salz abschmecken und auf den Spaghetti servieren.

Die vorbeugende Wirkung des Knoblauchs wurde sogar im Talmud beschrieben. Dort wird sein stetiger Genuss empfohlen, denn er sättige den Körper, gebe dem Geist Klarheit, stärke die Manneskraft und vertreibe Parasiten aus dem Darm.

4 Portionen, Zubereitung ca. 15 Minuten

Marokkanische Zwiebeln

4 große Zwiebeln, in Scheiben
3 EL Olivenöl
2 EL Tomatenmark
3 EL Rosinen (am besten Sultaninen)
etwas Rotwein
Salz, Pfeffer

Olivenöl in einer Pfanne erhitzen, die Zwiebelscheiben zugeben, salzen und bei schwacher Hitze dünsten – ab und zu umrühren. Wenn die Zwiebeln weich sind, Tomatenmark, Rosinen und einen Schuss Rotwein unterrühren. Noch 5 Minuten köcheln lassen, immer wieder umrühren, mit Salz und Pfeffer abschmecken. Passt, warm oder kalt, wunderbar zu Fleisch- und Fischgerichten.

Wenn man verhindern möchte, dass Zwiebeln schnell austreiben, sollte man sie gemeinsam mit einer Scheibe Brot lagern. Und: Wenn man beim Zwiebelschneiden eine triefende Nase und tränende Augen vermeiden möchte, entweder eine Schwimmbrille aufsetzen oder beim Schälen und Schneiden der Zwiebel einen Schluck Wasser im Mund behalten.

4 Portionen, Zubereitung ca. 15 Minuten

Kürbisgemüse

1 kg Kürbis nach Geschmack, geschält, entkernt, gewürfelt
4 Knoblauchzehen, zerdrückt
2 EL Olivenöl
125 ml Gemüsesuppe
2 EL Paprikapulver
3 EL Sauerrahm (saure Sahne)
Salz

Knoblauch in Olivenöl kurz anbraten, mit der Suppe aufgießen und die Kürbiswürfel dazugeben. Paprikapulver untermischen, Gemüse ca. 10 Minuten bei geringer Hitze zugedeckt dünsten – vom Herd nehmen und ca. 3 Minuten ziehen lassen.
Rahm untermengen (nicht mehr kochen), mit Salz abschmecken, fertig.

Kürbis wirkt ausschwemmend, wasserregulierend und abspeckend. Die gelbe Farbe stammt von den Karotenen, der Lieblingsspeise des Immunsystems.

GREENPEACE
20 Tipps zum klimafreundlichen Kochen

Der Greenpeace-Einkaufsratgeber marktcheck.at bietet Informationen für das bewusste Leben. Nachfolgende Tipps zeigen, wie Sie beim Einkaufen und Kochen das Klima schützen und obendrein im Jahr bis zu 639 Euro sparen könnten.

save

500 kg CO_2
250,00 €

save

Einkaufen mit dem Fahrrad

Auf typischen Alltagsstrecken ist man mit dem Rad meist schneller als mit dem Auto oder öffentlichen Verkehrsmitteln – und übrigens: Auch überflüssige Kilos haben keine Chance und das Klima freut sich zusätzlich.

400 kg CO_2

save

Bioprodukte kaufen

Bei Bioprodukten wird auf Kunstdünger verzichtet, durch geringeren Maschineneinsatz und kürzere Transportwege wird viel weniger Energie benötigt. Wer beim Biobauer in der Umgebung einkauft, spart darüber hinaus Einiges an Transport und Verpackung ein. Wenn möglich, den Einkauf zu Fuß oder mit dem Fahrrad erledigen, mit dem Auto fahren kostet wahrscheinlich mehr Energie, als durch Bioprodukte eingespart werden kann.

200 kg CO_2
50,00 €

save

Obst und Gemüse aus der Region

Verpackung, Transport und Kühlung benötigen Energie. Saisonale Produkte aus der eigenen Region haben weniger Kilometer Transport hinter sich, sind selten aufwändig verpackt und stammen oft aus biologischem Anbau. Allerdings ist auch dann Bio-Anbau wichtig, denn Tomaten aus einem hiesigen geheizten Glashaus können mehr CO_2 verursachen als solche, die unter der Sonne gereift sind und anschließend per Lkw nach Österreich gebracht werden. Und: Mit dem Kauf regionaler Lebensmittel und Getränke werden gleichzeitig heimische Hersteller unterstützt.

104 kg CO_2
80,00 €

Ohne Fleisch geht's auch

Bodennutzung und Landwirtschaft sind für rund ein Fünftel mitverantwortlich für den Treibhauseffekt. Zum Teil geht es dabei um die Urwaldabholzung, wodurch der im Wald und Boden gespeicherte Kohlenstoff wieder freigesetzt wird. Denn oft werden die Urwälder abgeholzt, um Platz für Sojafelder für Viehfutter zu machen. Zum Teil geht es auch um die Treibhausgase aus der Tierhaltung selber oder als Folge einer übermäßigen Düngung von Feldern. Die Produktion von Geflügel oder Schweinefleisch verursacht mehr als drei kg CO_2 pro kg Fleisch, und die Produktion von einem Kilogramm Rindfleisch verursacht im Schnitt sogar 13 kg CO_2.

40 kg CO_2
80,00 €

Leitungswasser bevorzugen

Bevorzugen Sie Wasser aus der Leitung, denn in Flaschen abgefülltes Wasser macht dem Klima zu schaffen. Die Produktion einer Kunststoffflasche verursacht eine Menge Treibhausgasemissionen; gemeinsam mit dem Transport hängt an jeder Literflasche Trinkwasser im Supermarkt 220 g CO_2. Wenn man dann auch noch mit dem Auto einkaufen fährt – was beim Kauf von mehreren Kisten Mineralwasser schnell der Fall ist –, kommt noch einiges an Kraftstoffverbrauch und somit Emissionen dazu. Jede nicht gekaufte Flasche Wasser vermeidet somit 250 g CO_2-Emissionen, und die Alternative kommt ohnehin beinahe kostenlos aus der Leitung.

150 kg CO_2

Einkaufen im Ort

Es soll sie noch geben: Dörfer und Städte, wo man – ganz wie früher – einfach im Ort seine täglichen Einkäufe machen kann. Die Menschen, die in solchen Orten wohnen, leiden keinen Hunger und haben moderne Kleidung. Und das schaffen sie, ohne für jedes Packerl Butter mit dem Auto in ein modernes Einkaufszentrum fahren zu müssen. Haben auch Sie noch die Möglichkeit, im Ort einkaufen zu gehen? Dann unterstützen Sie doch die lokale Wirtschaft anstelle eines internationalen Diskonters! Und wenn Sie die kleinen Einkäufe mit dem Fahrrad oder zu Fuß machen, sparen Sie auch noch einiges an Treibstoffkosten.

10 kg CO_2
100,00 €

Ein Rohkosttag pro Woche

Hasen wissen, was gut ist. Rohkost schmeckt und ist gesund. Gemüse und Obst, das nicht hitzebehandelt wird, behält all seine wichtigen Enzyme, Vitamine und Spurenelemente.
Ein Tag in der Woche nur Rohkost hilft beim Entschlacken und dabei, das Wunschgewicht zu erreichen. Und wer sein Essen nicht kocht, spart eine Menge Energie und Zeit!

Die Berechnungen der CO_2-Einsparung sowie des Geldwertes wurden auf Basis durchschnittlicher Werte für Österreich durchgeführt und beziehen sich auf ein Jahr.

20 kg CO_2
15,00 €

save

Wasserkocher statt Herd

Kochen Sie oft Wasser für zum Beispiel Tee? Dann sollten Sie wenn möglich einen Wasserkocher verwenden. Denn Wasserkocher sind sehr effizient: Um einen Liter kaltes Wasser auf dem Herd zum Kochen zu bringen, brauchen Sie in etwa sechs Minuten. Ein Wasserkocher schafft das gleiche in nur 2,5 Minuten. Außerdem schalten sie sich automatisch aus, sobald das Wasser kocht, was beim Herd nicht der Fall ist. Sogar beim Kochen von Kartoffeln, Nudeln oder Reis zahlt es sich aus, das Wasser im Wasserkocher zum Kochen zu bringen, bevor man es in den Topf gibt. Und auf keinen Fall sollten Sie natürlich mehr Wasser erhitzen, als Sie brauchen.

20 kg CO_2
10,00 €

save

Jedem Topf sein Deckel

Schauen Sie dem Essen gerne beim Kochen zu? Dann greifen Sie lieber zum Glasdeckel, denn durch Kochen ohne Deckel geht sehr viel Energie verloren. Dasselbe passiert, wenn Sie auf einer zu hohen Stufe kochen. Denn egal, ob es gerade kocht oder fast übergeht, kochendes Wasser hat 100 °C. Wie hoch Sie den Herd auch aufdrehen, heißer wird das Wasser nicht. Also am besten Sie kochen auf niedriger Stufe mit dem Deckel auf dem Topf. Und bitte achten Sie auch darauf, dass der Topf nicht kleiner ist als die Platte darunter.

20 kg CO_2
10,00 €

save

Mit weniger Wasser kochen

Kochen Sie Kartoffeln so, dass sie ganz unter Wasser stehen? Dann können Sie ganz leicht Energie sparen, indem Sie das nächste Mal nur halb so viel Wasser nehmen und nicht vergessen, den Deckel auf den Kochtopf zu tun. Die Erdäpfel werden im heißen Dampf genauso gar, aber Sie sparen sich einiges an Energie.

20 kg CO_2

save

Fisch genießen – aber richtig

Einer der wichtigsten Fischereihäfen Europas? Der Flughafen Frankfurt. Zwar kommt der Fisch selber nach wie vor aus dem Meer, aber immer öfter landet er über den Luftweg bei uns am Teller, insbesondere wenn es sich um Frischfisch handelt. So hängen an einem Kilogramm Fisch aus Afrika bereits fünf Kilo CO_2. Kommt der Fisch aus dem Pazifik oder aus Neuseeland, dann fallen pro kg Fisch gleich 20 kg CO_2 an. Viel CO_2 produzieren jene Fangmethoden, bei denen riesige Netze mit hoher Motorleistung über den Meeresboden gezogen werden, insbesondere Grundschleppnetze in der Tiefsee. Daher Tiefseefisch (Rotbarsch, Neuseeländischer St. Petersfisch, Hoki) oder Plattfische wie Scholle und Heilbutt meiden.

20 kg CO_2
15,00 €

Backrohr: Umluft spart Energie

Backen Sie jede Woche mindestens drei Kuchen? Dann gehört das Backrohr zu den größeren Energieverbrauchern in Ihrem Haushalt. Wenn Sie ein neues kaufen, sollten Sie auf jeden Fall auf den Energieverbrauch achten. Am besten Sie kaufen ein Modell mit Umluft oder Heißluft: So wird die Wärme schneller und effektiver verteilt als bei einem Backrohr mit Ober- und/oder Unterhitze, und es reicht bereits eine deutlich niedrigere Backtemperatur. Wenn Sie zusätzlich darauf achten, das Backrohr zehn Minuten früher ganz abzudrehen und somit die Nachwärme zu nutzen, können Sie sogar bis zu vierzig Prozent an Backenergie einsparen.

15 kg CO_2
10,00 €

Gemeinsam statt einsam

Natürlich kann man alleine essen, aber sehr unterhaltsam ist es nicht – und kostet auch verhältnismäßig viel Energie. In einer typischen Studenten-WG zum Beispiel gibt es hier einiges an Energiesparpotenzial. Denn wenn mehrere Portionen Nudeln nacheinander gekocht werden statt gleichzeitig, ist der Herd viel länger in Betrieb, und das kostet schnell einmal eine Kilowattstunde Strom extra. Dabei macht es viel mehr Spaß, gemeinsam zu kochen und zu essen. Und haben Sie sich schon einmal überlegt, eine Kochgruppe zu gründen? Falls Sie wirklich einmal einsam sind, können Sie natürlich auch nur etwas für sich kochen. Das ist nämlich immer noch klimafreundlicher, als den Pizza-Zustelldienst anzurufen.

10 kg CO_2
10,00 €

Mit Druck kochen

Die Kochzeit von Erdäpfeln oder Gemüse reduziert sich um die Hälfte, sogar um bis zu zwei Drittel bei Gerichten, die lange kochen müssen. Oft können Sie sogar den Herd komplett ausschalten und die Restwärme nutzen, sobald das Wasser kocht. Dabei werden Vitamine oder Farbe auch noch besser erhalten, und Sie sparen auch noch Zeit beim Kochen.

9 kg CO_2

Mehrwegflaschen statt Dosen

Bier aus der Flasche ist cool, Bier aus der Dose nicht. Wer mehr Argumente braucht: Dosen werden aus Blech hergestellt, also Aluminium oder Stahl und Zinn. Die Produktion ist aufwändig und energieintensiv. Obwohl Blechdosen in den vergangenen Jahren leichter wurden, sind Mehrwegglasflaschen die umweltfreundlichere Alternative. Dazu kommt: Es gibt kein Pfandsystem für Dosen. So belastet Dosenbier das Klima dreimal stärker als Bier aus Pfandflaschen.

7,5 kg CO_2
Weniger Reis essen

Reis wird auf Reisfeldern produziert, die unter Wasser stehen. An sich ist das eine alte und bewährte Methode, die aber einen großen Haken hat: Im Boden entstehen dabei große Mengen Sumpfgas oder Methan (CH_4). Methan ist ein sehr kräftiges Treibhausgas, sogar zirka 24-mal so wirksam als das bekanntere Treibhausgas CO_2, und heizt damit den Klimawandel an. In einem ungünstigen Fall kann Reis pro kg sogar mehr Treibhausgasemissionen verursachen als Fleisch. Daher soll man wenn möglich Reis aus Trockenanbau kaufen oder einfach heimische Kartoffeln aus biologischem Anbau essen. Aber trotzdem gilt: Weniger Fleisch und mehr Rohkost sind die wichtigsten Klima-Taten beim Essen!

5 kg CO_2
3,00 €
Kochkiste verwenden

Kennen Sie Kochkisten? Obwohl sehr nützlich, sind sie noch nicht sehr weit verbreitet. Eine Kochkiste ist nichts Anderes als eine mit Stroh oder einem sonstigen Dämmmaterial gefüllte Kiste, in der Sie Ihr Essen fertig kochen können. Und dieses System funktioniert äußerst einfach: Auf dem Herd bringen Sie Kartoffeln, Nudeln oder Reis zum Kochen. Nach Kochbeginn drehen Sie den Herd gleich wieder ab und stellen den Topf in die Kochkiste. Durch die Dämmung kühlt der Topf nur sehr langsam ab, und somit köchelt Ihr Essen in Ruhe weiter. Bis es fertig ist, dauert es höchstens fünf Minuten länger als sonst – das allerdings, ohne weitere Energie dafür gebraucht zu haben.

1,5 kg CO_2
1,00 €
Pasta al dente kochen

Keine Sorge, Sie müssen Ihre Nudeln nicht hart verspeisen. Wer aber die Teigwaren fünf Minuten kürzer und auf niedriger Stufe kocht, spart bei einem E-Herd pro Mahlzeit schnell eine Zehntel Kilowattstunde Strom. Wenn man das konsequent durchzieht (nicht nur bei Pasta) und auch sonst darauf achtet, die Töpfe nicht länger als notwendig auf dem Herd zu lassen, summiert sich das ordentlich. Und wer frühzeitig auf null schaltet und die Nachwärme nutzt, spart noch mehr.

1 kg CO_2
1,00 €

Tiefgekühltes im Kühlschrank auftauen lassen

Sie sind sehr sparsam und wollen alles Mögliche für die Umwelt tun? Dann ist das ein Tipp für Sie. Die eingesparte Menge Energie ist zwar nicht gerade groß, aber die Methode sorgt für ein gutes Gefühl. Es funktioniert einfach: Wenn Sie etwas essen wollen, das noch gefroren im Tiefkühlfach liegt, dann nehmen Sie es frühzeitig heraus und legen es als „Kühlelement" in den Kühlschrank. So wird es ganz langsam auftauen und gleichzeitig seine Kälte an die anderen Lebensmittel im Kühlschrank abgeben.

0,25 kg CO_2
4,00 €

Muskelkraft statt Strom, Schneebesen statt Mixer

Stellen Sie sich einmal Folgendes vor: ein Kuchen mit Äpfeln vom eigenen Baum, Eier von Omas Hühnern, Butter und Mehl von einem benachbarten Bauern – und all das gemixt mit Hilfe von Strom aus einem stinkenden Kohlekraftwerk? Nein, danke. Aber bevor Sie beim Backen schnell den Stromanbieter wechseln müssen, lassen Sie lieber den Mixer liegen und nehmen Sie stattdessen einen Schneebesen. Das dauert vielleicht etwas länger, dafür ist es jetzt aber ganz Ihr Kuchen. Und hoffentlich haben Sie einen Holz-Backofen;-)

Weitere Tipps rund um bewusstes Essen gibt's unter:
www.marktcheck.at

Register

Wann ist was reif? Der Saisonkalender für Gemüse.

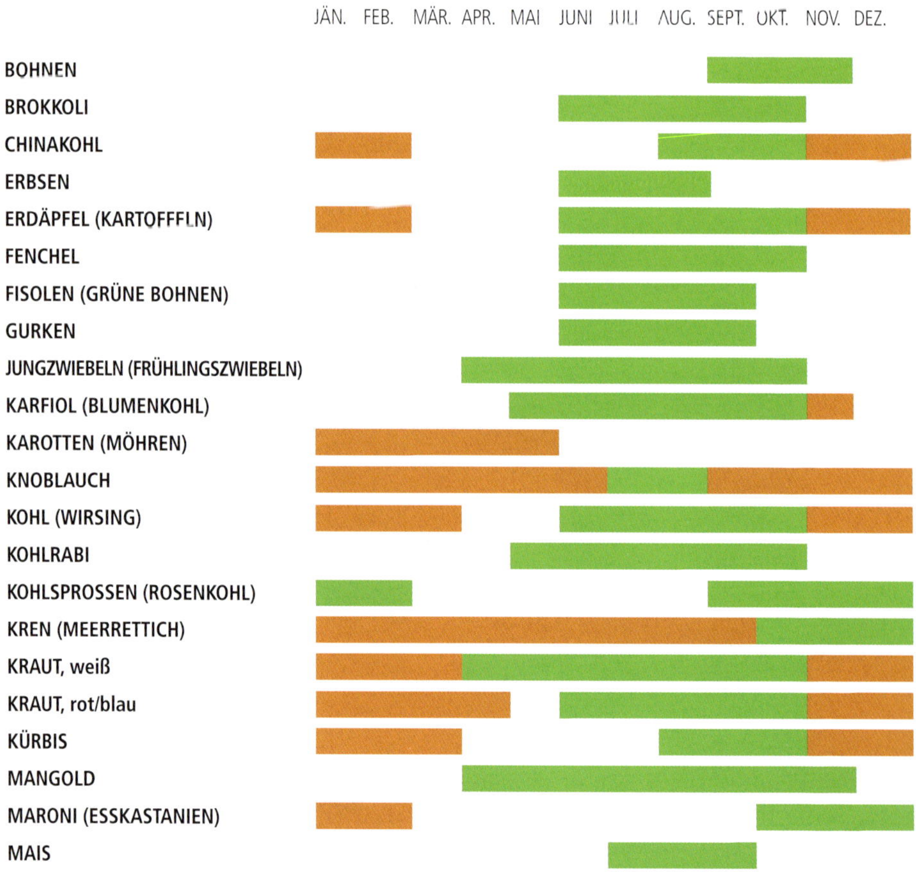

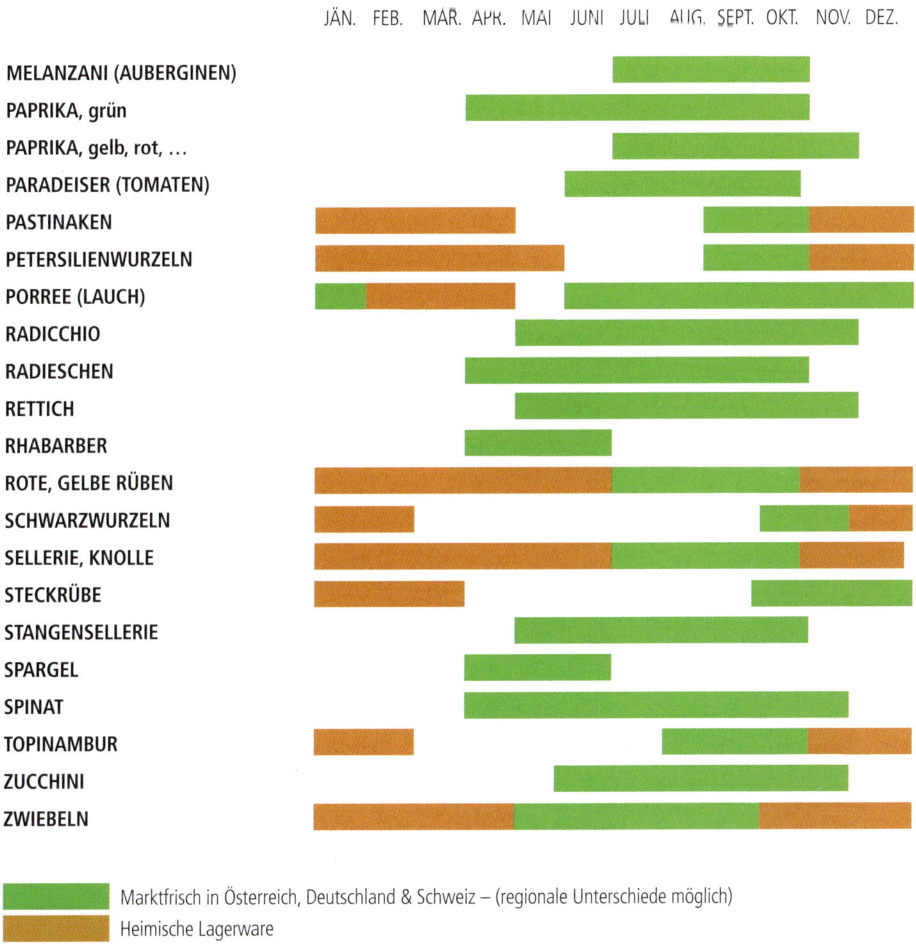
JÄN.
FEB.
MÄR.
APR.
MAI
JUNI
JULI
AUG.
SEPT.
OKT.
NOV.
DEZ.
MELANZANI (AUBERGINEN)
PAPRIKA, grün
PAPRIKA, gelb, rot, …
PARADEISER (TOMATEN)
PASTINAKEN
PETERSILIENWURZELN
PORREE (LAUCH)
RADICCHIO
RADIESCHEN
RETTICH
RHABARBER
ROTE, GELBE RÜBEN
SCHWARZWURZELN
SELLERIE, KNOLLE
STECKRÜBE
STANGENSELLERIE
SPARGEL
SPINAT
TOPINAMBUR
ZUCCHINI
ZWIEBELN
Marktfrisch in Österreich, Deutschland & Schweiz – (regionale Unterschiede möglich)
Heimische Lagerware